立志の作法

成功失敗をいとわず

渋沢栄一

国書刊行会

フランスで侍姿の栄一27歳（1867・慶応３年）　渋沢史料館提供

故郷武蔵国血洗島の生家（現埼玉県深谷市）　渋沢史料館提供

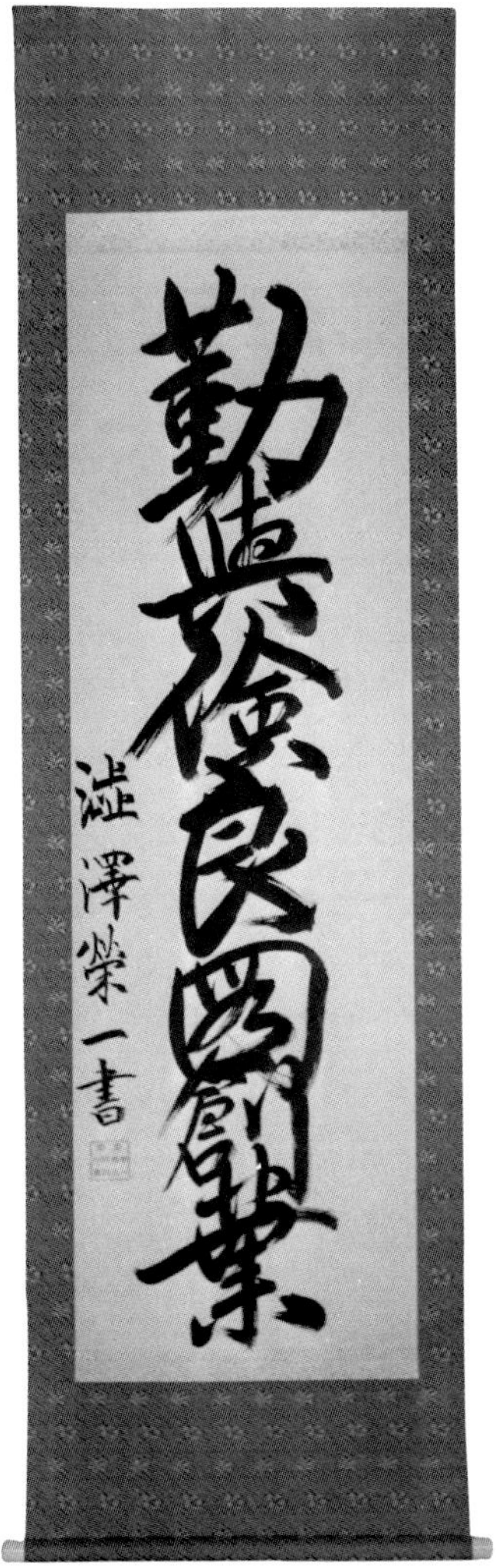

「勤與倹良図創業」

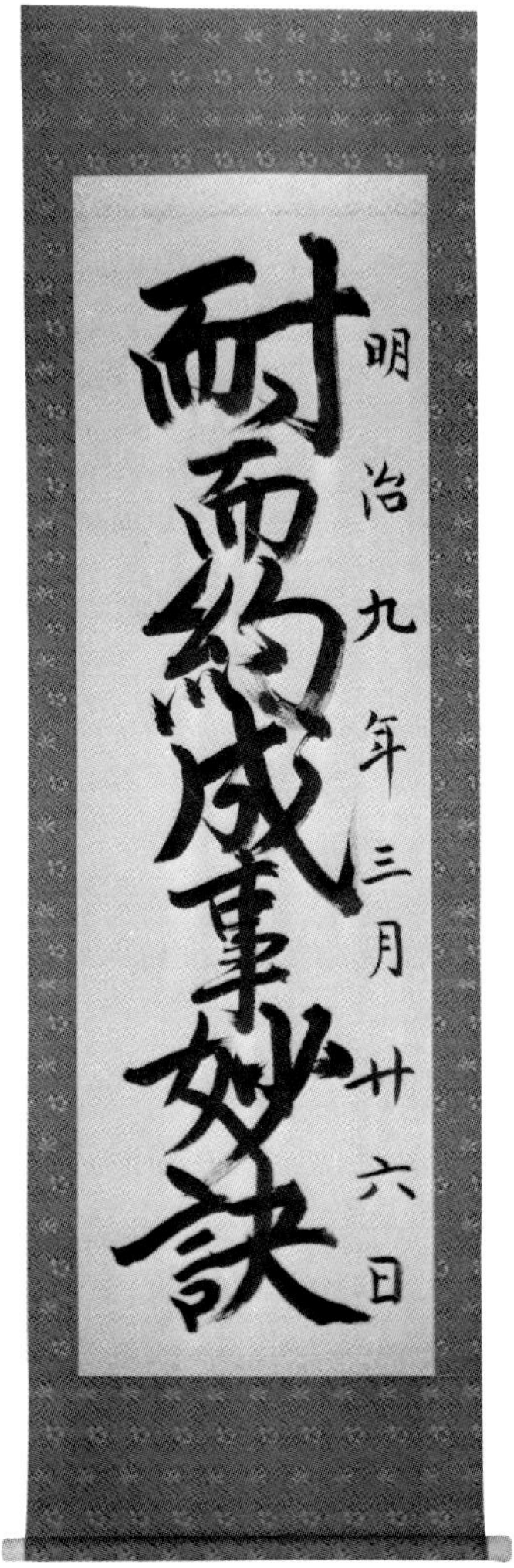

「耐而約成事妙決」

栄一36歳の書。国家や社会が必要とする多くの企業創設と社会・教育事業に果敢に取り組んだ。それらが彼における「実業」であった。

渋沢史料館提供

実業之世界社創立二十周年祝賀会で講演（1927・昭和２年）

渋沢史料館提供

刊行にあたって

「近代日本資本主義の父」というのが、渋沢栄一に贈られた名誉ある称号である。また「実業の父」とも呼ばれる。いずれの称号も、その事績に照らして万人の認めるところである。

青淵《せいえん》と号した渋沢は、求められれば、気さくに揮毫《きごう》し、講演に応じ、談話を寄せた。これらの講演録や談話を百話集め「青淵百話」と題し、明治四十五年六月に同文館より出版された。小社は昭和六十一年に復刻版を刊行したが、絶版となって久しい。

本書は彼の数多い著作の中でも代表作といえる。今でもその意義を失わない新鮮な言葉と内容の深さは、現代にこそ輝く処世哲学、実業哲学に満ちている。座右の書として適しているが、千頁を超える大著であり、かつ明治期の文語体は難解である。気楽に手に取り、携帯するには適していない。これは実に惜しいことであると思い続けて星霜を経た。

この「青淵百話」を、仕事に精を注ぐビジネスマンをはじめ、起業や政治を志す方々、そして老若問わずもっと多くの方々に気楽に手に取ってもらいたいと考えた。

このたび出版にあたり、現代語に変え、多少の注記を試みて出版することとした次第である。また大冊を四つの主題に大別、それぞれ内容にふさわしい書名を付し、携帯しやすいものとした。

さらに「青淵百話」の口述の特色である渋沢栄一の「話ぶり」「語り口」の特徴や、多少難しく硬い語彙でも講演で頻繁に使用されているような言葉は、あえて現代語とせず、また残されている彼の肉声録音も参考とし、まるで「渋沢栄一の声が聴こえる」かのような印象を読者に残すことに留意した。

第一冊は、国富論と公益論を中心とした「**国富論**―実業と公益」、

第二冊は、商業・経済道徳や道理等を中心に「**徳育と実業**―錬金に流されず」、

第三冊は、若者の立志を叱咤激励する「**立志の作法**―成功失敗をいとわず」、

第四冊は、彼の驚くべき先見性を示す「**先見と行動**―時代の風を読む」である。

読者は、それぞれ興味ある冊子を気楽に手に取られ、大いなる刺激と勇気を得て、また

心新たな指針として活用されることを望むものである。

財団法人　渋沢栄一記念財団の渋沢雅英理事長よりご推薦の言葉をいただき、渋沢史料館の井上潤館長より多大なご指導を賜ったことを、ここに改めて深く感謝するものである。また企画から刊行までの労をとっていただいた関敏昌氏、清水郁郎氏、現代語訳にご協力いただいた年来の編集人仲間である近藤龍雄氏に心より感謝申し上げる。

国書刊行会編集部

渋沢栄一　立志の作法　―成功失敗をいとわず―　について

若き日は迷いが多い。自らの能力に自信があるかと思えば、たちどころに崩れる。自らを過信し、自分に対する評価に不満を抱きやすく、軽挙妄動《けいきょもうどう》ともいうべき行為に走る。そしていたずらに逡巡《しゅんじゅん》する。

渋沢栄一青年も自らを信ずること多く、世の中の不合理を嘆き憤り、悩み迷い、行動を起こした。熱き血は故郷を飛び出し、尊皇攘夷に走った。

やがて一橋慶喜《ひとつばしよしのぶ》の家臣となり、幕臣としてフランスに渡り、激しい衝撃を受けた。少年時代から論語を師としたこの青年は、揺れに揺れたのである。

維新後、大蔵省官吏となり、さらに金融機関と実業の興起《こうき》に心が定まると、もはや揺れることがなかった。青年期の大きな振幅が、その後の大きな渋沢栄一をつくったかのようである。

晩年、その青年期の迷いや行動を、いかにも遠回りをして立志が遅れ、時間を無駄に過ごしてしまったかのように悔やんでみせたが、それは若者に何事かを促すための逆説のようである。

渋沢は若者たちに自信を与えようとしている。何しろ彼等は年寄りたちより、どんどん新しい知識や技術を身につけて世に出るのだから、ずっと優れているというのである。自分たちが学べなかったことを、若者たちは早くから学んで社会に出てくるからである。

若者たちが渋沢のことばから得る最も大きな効用は、明るい勇気であろう。それは渋沢の天真爛漫《てんしんらんまん》、明朗闊達《かったつ》、人懐《ひとなつ》っこさと論語に根ざした平凡な中庸と道理の力であり、倫理、道徳と公の意識である。渋沢の言葉を聴くと気分が明るくなる。そして平凡と思われがちな中庸と常識の力を知る。勇気がわく。

本書は、「青淵百話」からそのような項目を集めて構成したものである。

編集部

目次

第三章　交際・娯楽について

終章

第一章　自分の道

立志の工夫

私の立志《りっし》

人間が一生涯に歩むべき道——その大きな方針を決定することが、いわゆる立志である。自分はこの世の中に立って、どの方向に向かっていけばよいか、どんな仕事に従事すべきか、どうようにして一生涯を有意義に終わらせるべきかをあらかじめ決めるのだから、なかなか重大な問題であり、軽々しく取り決めることはできない。回想すれば、私はむしろこの点について痛恨の歴史を持っている一人である。

私は十七歳の時、武士になりたいという志を立てた。というのは、その頃の実業家はみな百姓町人と卑下されて、世の中からはほとんど人間以下の取り扱いを受け、いわゆる歯《し》牙《が》にもかけられないという有様だったからである。そして家柄というものがむやみに重んじられ、武家に生まれさえすれば知能のない人間でも社会の上位を占めて、あらゆることに権勢を振るうことができたのである。そもそも私はこれが癪《しゃく》に障り、同じ人間に生まれ出たからには、何が何でも武士にならなければ駄目であると考えた。

その頃、私は少し漢学を修めていたのだったが、日本外史などを読むにつけ、政権が朝廷から武家に移った経路を詳しく明らかにするようになってからは、自分の中に世の中の不正や不義に憤《いきどお》る気というような要素も生じ、百姓町人として一生を終えるのがいかにも情けなく感じられて、いよいよ武士になろうという思いを一層強くした。

その目的も、武士になってみたいというような単純なものではなかった。武士になると同時に、当時の政体をどうにかして動かすことはできないものだろうかと考えた。こんにちの言葉を借りて言えば、政治家として国政に参与してみたいという大望を抱いたのであった。

そもそもこれが郷里を離れて四方に放浪するというような間違いをしでかした原因であった。こうして後年、大蔵省に出仕するまでの十数年間というものは、私の現在の立場から見ればほとんど無意味に費やしたようなものであったから、今このことを追憶するのにも、なお痛恨に耐えないしだいである。

本当の立志

告白すれば、私の志は青年期においてしばしば揺れ動いた。最後に実業界で身を立てようと志したのが、ようやく明治四、五年のことで、こんにちから追想すれば、この時が私にとって本当の立志であったと思う。元来、自分の性質、才能から考えてみても、政界に身を投じようなどというのは、むしろ短所に向かって突進するようなものだと、この時ようやく気がついたのだった。

それと同時に感じたことは、欧米諸国が当時のような隆盛を迎えたのは、まったく商工業が発達していたからだということである。日本も現状のままを維持するだけでは、いつの世に彼らと肩を並べられる時代がくるのだろうか。
国家のために商工業の発達を図りたい、という考えが起こって、ここで初めて実業界の人間になろうという決心がついたのであった。そして、この時の立志があとの四十余年を一貫して変えずにきたのであるから、私にとっての真の立志はこの時であったのだ。

思えば、それ以前の立志は自分の才能に不相応な、身のほどを知らない立志であったから、しばしば変動を余儀なくされたに違いない。それと同時に、その後の立志が四十余年を通じて変わらなかったことからみれば、これこそ本当に自分の素質にもかなない、才能にも応じた立志であったことが窺い知られるのである。

しかしながら、もし自分に己を知る賢さがあって、十五、六歳の頃から本当の志が立ち、商工業に向かっていたならば、後年、実業界に踏み込んだ三十歳までには、十四、五年の長い月日があったのだから、その間に商工業に関する素養も十分に積むことができたに違いないだろう。仮にそうだったとすれば、あるいは実業界における現在の渋沢以上の渋沢を見出されるようになったかもしれない。けれども惜しいことに、青年時代の客気に駆られて肝心の修養期間をまったく方向違いの仕事に浪費してしまった。これにつけても、まさに志を立てようとする青年は、前車の覆轍《ふくてつ》をもって後車の戒《いまし》めとする、つまり前人の失敗を自分への注意にするのがよい。

志の立て方

さて、生まれながらの聖人ならわからないが、我々凡人は志を立てるにも、とかく迷いやすいのが常である。あるいは目に映る社会の風潮に動かされ、あるいは一時周囲の事情に抑えられて、自分の本領でもない方向へウキウキと乗り出す者が多いようだが、これでは本当に志を立てたとは言えない。

とくに現代のように世の中が秩序立ってきては、一度立てた志を途中から他に転じるなどといったことがあっては非常に不利益が伴うから、立志の当初は最も注意する必要がある。

その工夫としては、まず自分の頭を冷静にして、そのあと自分の長所である部分、短所である部分を精細に比較考察し、最も得意とするところに向かって志を定めるのがよい。同時に、自分の境遇がその志を遂げることを許すかどうかを深く考慮することも必要である。

たとえば身体も強壮で頭脳も明晰であるから学問で一生を送りたいという志を立てても、これに資力が伴わなければ思うようにやり遂げることは困難であるというようなこともある。だから、これならばどこから見ても一生を通してやり通すことができるという確かな見込みが立ったところで、初めてその方針を確定するのがよい。それほど熟慮や考察をせずに、ちょっとした世間の景気に乗じようかと志を立てて駆り出すような者がよくいるが、これではとうてい目的を遂げられるものではないと思う。

すでに根幹となる志が立ったならば、今度はその枝葉となるべき小さな立志について日々工夫することが必要である。誰でも時どき物事に接して生じる希望があるだろうが、それに対して、どうにかしてその希望を実現したいという思いを抱くのも一種の立志で、私が言ういわゆる「小さな立志」というのはそれである。

一例をあげれば、某氏はある行いによって世間から尊敬されるようになったが、自分も何とかしてああいうふうになりたいという希望を持つようなことも、また一つの小立志である。であれば、この小立志に対してどのような工夫を巡らすべきかというふうに、まずその条件は、どこまでも一生を通じた大きな立志に背かない範囲で工夫することが大事である。

また小さな立志はその性質上、常に移り変わるものであるから、この移り変わりによって大きな立志を動かすようなことがないようにするだけの用意が必要である。つまり大きな立志と小さな立志が矛盾するようなことがあってはならない。この両者は常に調和し、一致することが必要である。

孔子の立志

以上に述べたことは、主として私の立志とその工夫とであるが、古人はいかにして立志をしたものなのか、参考までに孔子の立志について研究してみよう。

私が平素、処世上の規範、物差しとしている「論語」を通じて孔子の立志を窺うと、「十有五にして学に志し、三十にして立ち、四十にして惑わず、五十にして天命を知る云々」とあることから推測すれば、孔子は十五歳の時、すでに志を立てられていたと思われる。しかしながら、その「学に志す」と言われたのは、学問によって一生を過ごすつもりであるというほど志を固く定めたものなのかどうか、これはやや疑問となる部分で、ただこれから大いに学問を学ばなければならないというくらいに考えたのではないだろうか。

さらに進んで「三十にして立つ」と言われたのは、この時すでに世に立っていけるだけの人物となり、「修身斉家治国平天下《しゅうしんせいかちこくへいてんか》」※①の技量ありと自信を持つ境地に達せられたのであろう。

なお「四十にして惑わず」とあることから想像すれば、一度立てた志を持って世の中を生きていくにあたり、外界の刺激くらいでは決してその志は動かされないという境地に入って、どこまでも自信のある行動がとれるようになったと言うのであろうから、ここにきて立志がようやく実を結び、かつ固まったということができるだろう。

そうしてみれば、孔子の立志は十五歳から三十歳の間にあったように思われる。学に志すと言われた頃は、まだいく分、志が動揺していたらしいが、三十歳になってやや決心のほどが見え、四十歳になって初めて立志が完成されたようである。

【註】※① 修身斎家治国平天下◆「大学」の序。天下を治めるにはまず自身を修め、次いで家庭を平和にし、さらに国を治め、そののちに天下を治めるという順序を踏まなければならないと説かれる。

人生の骨子

要するに立志は、人生という建築の骨子《こっし》であり、小立志はその修飾であるから、最初にそれらの確かな組み合わせを考えて取り組まなければ、後日、せっかくの建築が途中で壊れるようなことならないとも限らない。そのように立志は人生にとって大切な出立点であるから、誰でも軽々しく見過ごすことはできないのである。

立志の要はよく自分自身を知り、身のほどを考え、それに応じて適切な方針を決定するという以外にないのであるから、誰でもよくその程度を見計らって進むように心がけるならば、人生の行路において間違いが起こるはずは決してないと信じる。

功名心

功名心の本体

功名心は人が物事を行なう際に最も尊ぶべきことだが、また人に多くの過ちをもたらす要因でもある。

孝経に「身を立て、道を行ひ、名を後世に揚げ、以て父母を顕《あらわ》すは孝の終なり」とあるのは、真の「功名」を説明したものだろう。

論語の中に「覇気《はき》」とか「功名心」などということについての教えは見つけにくいが、たとえば「博く民に施して能《よ》く衆を済《すく》う者有らば、如何、仁と謂《い》ふべきか」と子貢《しこう》が質問した時、孔子は「何ぞ仁を事とせん、必ずや聖か、尭舜《ぎょうしゅん》も其れ猶諸《なおこれ》を病めり、夫れ仁者は己立《おのれ》たんと欲して人を立て、己達せんとして人を達す、能《よ》く近く譬《たとえ》を取る。仁の方と謂《い》う可きのみ」と答えられたようなことは、暗に「功名」の極致を説いている。

また論語に「国にありても必ず達し、家にありても必ず達す」とあり、この「達する」という言葉も功名を意味したものだろうと考える。このような意義のものを挙げれば、明らかに「功名」ということを説いていないまでも、それに類したものはたくさんある。

私は常に「功名心」は人生に欠くことのできない一つの機能であると考える。孝経に説かれているように、論語に言えるようなものであるとすれば、この心がなければ世に立つこともできなければ、国家の役に立つこともできない。人生と功名心とは常に切り離すことができない関係を持っているもので、もしこれを捨て去るならば、人間はついに乾燥して味のないものになるか、そうでなければ自暴自棄に陥《おちい》るしかないのである。

誤解されている功名心

であれば、功名心は単に功名を上げるためだけのものであるかというと、その弊害もある。極端なものでは、ともすると邪《よこしま》なこと、詐欺、欺瞞《ぎまん》なども生じるものである。だから、私は冒頭で功名心は大切なものだが、人を誤らせることもあるものだと述べたしだいである。功名心には常に道理が伴わなければならないと思う。もし道理を離れた功名心であるならば、「仁義を後にし利を先にすれば奪わずんば飽かず」と孟子が説いているところに落ちて行くだろう。

多くの人は功名についてその原因を調べず、結果を求めることばかりに焦るから、道理を踏み外すことが多い。だから道徳論者はこれを卑下し、要するに人生において功名心が働くために、邪なこと、詐欺、欺瞞などを生ずるのだと言って、ひどくこれを嫌っている。とくに著しく功名心を排斥しようとしたのは、禅学の影響を受けた宋朝の学者、すなわち朱子学派のようなものは功名心を敵視し、いろいろな書物にこれを説き、孔子や孟子に関する注釈にもそれが散見される。

しかしながら、これがそもそも誤解を生ずる元となった。私は仁義と利益とは両立して、しかも離すことができないものであると説く一人だが、いわゆる儒者は大きくにこの解釈を違えて、君子や賢者は功名を無意味と考えているとか、名誉を口にするのは仁者や君子ではないなどと言って、まったく功名心を放棄している。けれども、これは儒者が利益を卑下するのと同じ誤解である。道理が伴わない功名心がときに悪い結果を生むからといって、すぐに功名心すべてを汚らわしく蔑《さげす》むのは間違いである。弊害を挙げて利益を顧《かえり》みなければ、天下おいて何が悪事でないというのか。

功名心必要論

私は道理が正しい功名心は非常に必要であると思う。これがあるために、勉強する気持ちも奮発する気持ちも起こるではないか。仮に禅学でこれを排斥しても、禅学の「恬淡《てんたん》」とか仏教の「一切空」とかいう境地に達するまでには、やはりそこに達したいという一種の功名心が含まれるもので、これらの人々でも世に名僧知識と称せられるようになれば、すなわちそれは「功」が成ったのではないか。必ずしも戦争に勝利を得たことだけが功ではない。仏教に功徳という言葉があるが、功の字が当てられているではないか。世に不朽の発明をして名誉を得たとか、殖産の道に務めて大富豪になったなどという種類のことばかりが功とは言えない。仏教の悟入《ごにゅう》、真諦《しんたい》、神髄《しんずい》などということも同様に功であり、これを知りたいと思う心はすなわち功名心である。だから儒者や禅家が功名心を排斥することはほとんど謂《いわ》れのないことで、彼らはみずから自身をも嘲《あざけ》っているのと同じことである。

このように見てくれれば、功名心は道理の正しい欲望ということになるから、人は欲望のないところには生きられないのと同じで、人生ちょっとの間も功名心から遠ざかっていることはできないものである。だから、功名心は最も尊ぶべきものであり、しかも大変必要なものであると言うことができる。

弊害

ところが、ともすれば田舎の青年などには、これを誤解して、ついに救いようのない弊害をもたらしてしまうことがある。もともと青年期は感情に駆られやすい時期で、むやみに他人の成功を羨んだりするものだが、この心は落ち着いて分別をさせるひまもなく、かれらを都会に駆り立てる。都会に出さえすれば誰でも成功できるものであると思い、先輩は都会で成功したというような空想に走って、その人がどのような理由や経過によって成功したのかといったことを調べずに、単純に功名という結果だけに幻惑され、非常に浅はかな考えから故郷を飛び出してしまう。それでも結果的に成功すればよいが、そういう人たちに限って成功することは難しいから、その目的は外れ終生を功名心の犠牲にしなければならないような破目になる。これはじつに功名心からくる弊害で、このような種類の人々がしまいには邪なこと、詐欺、欺瞞をも働きかねない者となるのである。

そうであれば、功名に憧れる人は、いたずらにその悪弊に陥らないように慎重に考慮しなければならない。すなわち功名心に応じる才覚、能力、立場などを自身の知力によって知ることが大切である。これを知らないで功名心に駆られる人は、飛び越えられない堀を飛んで落ちるか、不完全な飛行機に乗って負傷するのと同じような者だ。

以上に述べたようなことは、じつに功名心の弊害である。しかしながら、たとえ弊害にそういうものがあるとしても、それは功名心そのものが悪いのではない。軽はずみで浮ついた青年によって誤られるものであるから、むしろこのような青年を憎み、功名心はやはり尊ぶことがよいと思う。

成功について

世の成功観

いま一般社会でよく言われる「成功」という言葉の意味について、一言で説明すれば、着手した事業が都合《つごう》よく進み、しかも利益が見込めることで、世の中にも利益があるとともに、自分も富を得るというようなことを指していると思う。一身上から説明すれば、田舎から東京に出てきて立派な商店の主人になったとか、官吏《かんり》として相当の地位に就いたなどということも、やはり成功として数えられるのである。

もっとも官吏としての立身出世は、現在の成功という言葉に当てはめるとあまり適切ではないようだが、局長となり、大臣となり、士官となり、大将となるというくらいに出世し、名前も上がり、富も位も高くなれば同様に成功である。しかし実業界の人に、より多くこの成功という言葉が使われている。

たとえば銀行や会社の発起人となって、この設立に力を尽くし、創立後に重役となって活躍しているうちに、株式が次第に上昇して名声や信用が高くなったなどの例がある。さらに卑近な例で言えば、ある投機目的の人物が株式の売買や鉱山の発掘などによって巨万の富を得て、世に言う「成金屋《なりきんや》」の列に加わり、その金を失わずにやり通したというようなことなども成功と言う。

以上のような事実を通して成功の意味を観察すると、世の多くの人は物事について以上に述べたような結果を得た者だけを成功と言い、その他の例については考えていないようである。そうであれば成功とは、富と位と事業の成就だけを指すことになってしまうが、私はこれらのことだけが成功であって、その他に成功がないとは必ずしも思っていない。

成功を論じるには、結果がどうであったかだけに注目せずに、その人が経営した事業の過程について、その理由や順序を詳細に検証しなければならないことだろうと思う。

富を得るに至った方法、あるいは官吏として地位を得るに至った過程が道理に欠けることなく、正義を失わず穏当な行動によって発展、進行したものであれば、私はそれが本当の成功だろうと思う。ところが世の中は複雑で忙しいことばかりで、一応の道理で万事を押し通すことができない場合がある。

たとえば、ある人が行なうことがすべてその道理にかない、一つの欠点もなかったとしても、時には不運な一生を送ってしまうこともある。それに反して、正当ではない手段ではなく、識者が同列に並ぶことを恥とするようなことをする者でも、幸運に一生を送る場合もある。

これを現在の成功論によって評価すれば、前者を失敗者として後者を成功者とすることになるだろう。これはじつに結果にのみこだわったことによる弊害であり、不公平極まると言わなければならない。

成敗の実例

成功と失敗だけでその人を論じるならば、ついには困った結果を生じることになる。一例を挙げれば。菅原道真《みちざね》と藤原時平《ときひら》の例はその著《いちじる》しいものである。

道真は宇多天皇のご信任を得て右大臣となり、当時、朝日が昇る勢いを持っていた左大臣の藤原時平とともに並んで任務に参与していた。

天皇は藤原氏の専制を抑えようというご意志から道真をとくに重く用いられたのだったが、醍醐《だいご》天皇が即位されるに及んで藤原氏の権勢は一層強くなり、その一族ではない道真は排斥される運命に陥《おちい》った。このようなことから時平を初めとして藤原定国《さだくに》、藤原菅根《すがね》、源光《みなもとのひかる》などの徒党は協力して天皇に対して、道真を陥れるために事実無根の告げ口をした。

道真は太宰権帥《だざいのごんのそち》つまり大宰府《だざいふ》の副司令官に貶《おとし》められ、二年後にその地で亡くなった。現在の成功論に照らし合わせれば、道真は失敗者で時平は成功者である。どうしてかと言えば、たとえ悪巧《わるだく》みをしたとはいえ、その当時、時平は藤原氏の権勢を守り抜いたのに対して、道真は正義正道に拠《よ》ったとはいえ、惨めな結果に終わったので、結果だけに注目する現在の成功論ではもちろんそういうことになるだろう。

しかし、非常に常識的な判断としてはどんなものだろうか。当時、飛ぶ鳥を落とす勢いの時平は、今日《こんにち》の社会から価値のないものとされているにもかかわらず、当時は罪人とされた道真はかえって正一位《しょういちい》太政大臣《だじょうだいじん》※①という高い位を贈られ、学問の神として祀られて、幼い子供でさえ天満宮《てんまんぐう》の名前を知らない者はいないほどの存在ではないか。そうしてみれば、昔の失敗者であった道真が現在の成功者となり、昔の成功者であった時平が現在の失敗者となっている。そして私も、道真を本当の成功者と認めるのである。

他の例としては、楠正成《くすのきまさしげ》と足利尊氏《あしかがたかうじ》の二人がいる。二人ともに北条氏を滅ぼすまでは協力して後醍醐《ごだいご》天皇の勅命《ちょくめい》を奉じていたが、かの建武中興《けんむのちゅうこう》※②が行なわれたあと、天皇の独裁体制の中で、その人となりがあまりに軽はずみで君徳が薄いことを頼りないと思ったのか、それとも自分の思い通りにしようと思ったのか、とにかく北条時行らの反乱を鎌倉で鎮圧する名目で天皇に反旗を翻《ひるがえ》した。

ところが正成は、尊氏と同様に天皇に君徳《くんとく》が足りないことを知っていたには違いないが、君主や臣下の身分は徳によって定められるものではなく、君主は君主としてどこまでも立てていくのが大義名分であると初心を貫き、湊川で尊氏の大軍と戦って討ち死にするまで少しも変わることなく忠義を通した。

この両者の運命を当時の形の上から判断すれば、尊氏は成功者、正成は失敗者である。ところが後世、尊氏はその木像の首を切られても世※③の人はそれでよしとするほど憎悪し、失敗者である正成はかえって神として祀られ、忠義な臣下の手本として敬う有様である。したがって、この両者を現在の見方で判断すれば、生身の人間としては尊氏が成功者で正成は失敗者だが、人として行なうべき道からすれば、正成が成功者で尊氏が失敗者※④である。だから、本当の成功者としては正成を推さなければならないと思う。

【註】※① 正一位太政大臣（しょういちいだじょうだいじん）◆正一位は律令制における諸王・諸臣の位階の中で最高位にあたる。太政大臣は太政官の中でも最高の官職。

※② 建武中興（けんむのちゅうこう）◆現在では「建武の新政」と表現されることが多い。鎌倉幕

府の滅亡後、後醍醐天皇により天皇制が復権したが、おもに武士階級の不満を買い、足利尊氏の離反によって政権が崩壊した。

※③ 尊氏はその木像の首を切られても◆文久三年（一八六三）、尊皇攘夷論者によって京都等持院にあった足利尊氏、義詮、義満の木像の首と位牌が持ち出され、加茂川の三条大橋に晒された事件（足利三代木像梟首事件）。

※④ 尊氏が失敗者◆戦前、尊氏は逆賊として扱われていたが、戦後は再評価され、逆賊とする見方はなくなった。戦前の皇国史観が批判されたことによる。

成功の基準

実業上のことはこのように明確な区別をつけることはできないが、中には道理に合わないことをして富んだり、正しい道を踏まずに蓄財した例もある。だから人の成功、失敗は、必ずしも成敗だけで論じることはできない。

もし成敗だけで成功や失敗を論じるならば、人はおのおのその結果にばかり重きを置くようになり、目的を達するには手段を選ばないという考えから、人に隠れて悪いことも行なってから正義に戻るようなこともできて、ついには奪わずんば飽かずの心境に至るだろう。そうして、社会の風潮がそうなったらどんなものだろうか。道義の考えはどこかに消えうせ、野獣性が人の理性を支配して、社会の安寧秩序《あんねいちつじょ》はまったく打破されることになるのは火を見るよりも明らかである。このような結果を生むことになるものを、どうして成功を言うことができるだろうか。

思うのだが、本当の成功とは「道理に欠けることなく、正義に外れず、国家社会に利益を与えるとともに自分にも利益がある」ものでなければならない。言い換えれば、一時の成敗がどうであるかにかかわらず、その内容に重きを置いて論じられなければならない。「成敗を以て英雄を論じる勿《なか》れ」というのは古人の優れた格言だが、これは敗れた者に対して善悪もわきまえずに失敗者と決めつけ、勝った者も同様に善悪の別なく成功者とする謂《いわ》れのないことに注意を促す言葉である。

だから実業界のこともその通りで、巨万の富を築いたからといって必ずしも成功者ではなく、窮地《きゅうち》にさまよっているからといっても必ずしも失敗者ではない。富むに至った過程、敗れるに至った過程がどのようだったかによって、初めて成功と失敗とがはっきりと分かれるものであることを忘れてはならない。

私はこの意味を拡大して、広く世間の実業家にこの考えを持たせたいと思う。すなわち道理に基づいたことを行なって失敗したとしても、その人をあざ笑わないだけでなく、むしろ称《たた》え上げ、もし不正なことをして富を得、地位を上げた者がいても、決して成功者ではないという観察眼を社会の人々に持ってもらいたい。そうなれば、不正なことで富や地位を得ても社会からは尊重されないことになり、正義を通して失敗したとしても、その人は社会で重んじられることになるだろう。

さもなければ、現在のような成功論が一般社会に認められることになっては乱臣賊子《らんしんぞくし》、つまり国や会社を乱す者や親に背く子供が世にはびこり、とくに実業界のような世界は不道徳な者、徳義のない者が我がもの顔にのさばることになるに違いない。とにかく、成功者と失敗者の分別もなく玉石混交《ぎょくせきこんこう》して同一に論じられることになれば、道理のなさ、信用のなさ、徳義のなさなどは判別がつかなくなる。このようになっては、将来の実業界を教育していくにも非常に困ったことになるだろう。なぜかと言うと、道理にかなわず、徳義心がなくても金持ちになった者でも、社会は憎まないようになるからである。だから、成功を願う者、成功を論じる者は深くこのことを心に置いて、その判断を誤らないようにすることが大切である。

成敗を意に介さないこと

現在、大実業家と言われ、富豪と目される人々は、その身分と地位を築くまでにさまざまな経路を経て人から羨望《せんぼう》されるまでになったのだが、その中にはよく聞く批評とは別に、時には人の身を攻撃することまでする者が少なくないようである。世の中の人々はこのような人を例にとって「悪人でなければ成功はしない。今の世では悪人が栄えて善人は亡ぶ」などと言い、廉恥心《れんちしん》を尊重する学生などには、実業界に入って活動することを懸念する人もいると聞く。

「天道《てんどう》是か非か※①」、つまり正しい道理を示す天の道などあるのだろうか、というのは古人の天命に対する疑いの言葉だが、今の世にも果たしてそういう現象が存在するだろうか。善人が滅んで悪人が栄えるというのは、本当に事実なのだろうか。この問題に対して世の人々はどんな解釈を下すのか知らないが、私は「そうではない」と断言してはばからない。

これは世の人々が観察を誤っているのであり、私はいまだに善人が滅んだことを聞いていなければ、悪人が栄えたのを見たこともない。私のこれまでの観察では、世の人々が悪人と見なす者が成長するとともにいつの間にか善人になっており、かつてよくない方法で蓄財に熱心だった者でも、今では善人としての行ないを守る人になっている。私はそのような例を見ているので、まったく天道というものがあると確信して疑わない。

ともすれば世の中には、悪いことをしても、またその報いを受けても得意そうにしている者がいる。けれども、悪事によって得た幸せは決して続くものではない。たとえ物質的に困り果てて落ちぶれることがないとしても、精神的には社会から葬られるのである。人間の真心である良心はいつでもどこでも明確なものだから、たいがいの人は、たとえ悪いことをしていても、あるとき突然心を改めて善人となることが多い。

悪事を働いて金を儲けたように世間から思われている人々は、あるいは一時そう言われるようなことをしたかもしれない。詐欺のような手口を使ったり、賄賂《わいろ》でその筋をごまかしたりして一攫《いっかく》千金を得た人の例は世間に少なくないから、富豪はすべてそうして金を蓄えたものだと世間から見られるのも無理はない。しかし人間はいつも悪事を行なって平気でいられる者は少なく、一時は悪人と見られた者でも、前述したように良心に省みていつの間にか善人となってしまうものである。

そうであれば、一時は悪人であったにしても、それを後悔して善人になり、よい行ないを積み上げてそれまでの悪事を補うものであれば、「過《あやま》って改むるに憚《はばか》ること勿《なか》れ」※②つまり過ちを犯したならば、ためらうことなく改めよという教えどおり、もはやその人の罪を責めるまでもないではないか。しかし、いつまでも後悔せず、まったく悪人のままで終わろうとする者がいるならば、それは道理上、滅びなければならないものだろう。天地の間の物事は正当に行なわれている。天道はいつも正義に与《くみ》するものである。

【註】※① 天道是か非か（てんどうぜかひか）◆中国前漢時代の歴史家司馬遷が、自身にふりかかった理不尽さを嘆いて記した言葉。

※② 過って改むるに憚ること勿れ（あやまってあらたむるにはばかることなかれ）◆「論語」学而篇より。

人としての努めに背いてはならない

悪運という言葉をよく人は口にするが、世の中にはこの悪運が強くて成功したかのように見える人がないでもない。しかし人を見る時に、単に成功とか失敗とかを基準にすること自体、根底から誤解しているのではないか。そもそも人は「人としての努め」すなわち「人道」を基準にして自分が生きていく道を定めなければならない。誰でも人としての努めを念頭に置いて、道理にかなったことを行なって世の中に対処し、そこで自分の身を立てていくことを理想としてもらいたい。世の中で言う成功失敗のようなことはまったく問題外で、仮に悪運に乗じて成功した者がいようが、善人でも運悪く失敗した者がいようが、それを羨んだり悲観したりするには当たらないではないか。ただ人は人としての務めをまっとうすることを心がけ、自分の責務を果たしていけば、それで十分に安心できるはずである。成功失敗のようなことは、言ってみれば真心を込めて物事を成し遂げた人の身に残る糟粕《そうはく》、つまり酒の絞りかすのようなものである。

これについて面白い話がある。それは私の少年時代、実家の近くに非常に正直で真面目な勉強家の爺さんが住んでいた。この爺さんは非常な働き者で、朝は四時に起き、夜の十二時には寝るというぐらいに、年中絶え間なく家業に精を出していたが、その結果、相当な金持ちになった。けれども彼は貧乏な時と同じ気持ちで、金ができたからといって分不相応な贅沢な暮らしをするようなことはなく、相変わらず朝から晩まで働き通したので、近所の人は何が楽しみであんなに勉強するのだろうかと、かえって不思議に思った。そこである人が、この爺さんに「あなたはもうだいぶ財産を蓄えたから、いい加減にして老後を遊んで暮らしたらどうか」と尋ねた。すると爺さんは「勉強して自分のことを整えていくことほど、世の中に面白いことはない。私は働くことが何より楽しい。働いていくうちに楽しみの粕ができる。これは、世の中では金銀財貨のことだが、私は自分が死んだあとに残る粕など無意味なものだと思う」と言ったそうである。

この何気ない話の中には無限の教訓が含まれていると思う。今になってなるほどと思い当たることがある。要するに現代の人は、ただ成功や失敗ということを眼中に入れて、それよりもっと大切な天と地の間の道理を見ていない。人としての務めを忘れている。彼らは実質を生命とすることができずに、糟粕に等しい金銀財貨を主としている。これらの人々は、この無学な爺さんに対して恥ずかしいとは思わないのか。

運命と知力

広い世間には、成功するはずだった者が失敗した例はいくらでもある。知者はみずから運命を作ると聞いているが、運命だけが人生を支配するものではなく、知恵がこれに伴って初めて運命を拓くことができる。どんなに善良で高い徳が備わった人でも、知力が乏しいために、いざという場合に機会を逃すようなことがあれば成功の見込みはない。

たとえば豊臣秀吉と徳川家康の例がこのことをよく証明している。秀吉が八十歳の生涯を保ち、家康が六十歳で死去したらどうであっただろうか。天下は徳川氏の手に渡らずに、豊臣氏万歳ということになったかもしれない。ところが数奇な運命は徳川氏を助け、豊臣氏に禍《わざわい》した。

単に秀吉の死期が早かっただけでなく、徳川氏には名将や知恵のある臣下が雲のように集まったが、豊臣氏は淀君という秀吉の寵愛《ちょうあい》を受けた妾が権威を欲しいままにし、十五、六歳の遺児を託すことができる忠義に厚い片桐且元《かつもと》は退けられ、かえって大野治胤とその子が重用《ちょうよう》されるという有様である。これに加えて石田三成の関東征伐は豊臣氏の自滅を促す好機を作ってしまった。

豊臣氏が愚かなのか、徳川氏が賢かったのか。私は徳川氏が三百年近くもの太平の世を作るような、覇者《はしゃ》としての偉業を成し遂げることができたのは、むしろ運命がそうさせたからであったと判断する。

しかし、この運命をどう捉えるかが難しい。普通の人は往々にして、好機としてめぐり合った運命を活かすだけの知力を持たないものだが、家康のような人物はその知力によって、やってきた運命を活かしたのだ。

とにかく人は、誠実に努力し勉強に励んで運命を待つほうがよい。もし、それで失敗したら、自分の知力が及ばなかったためだと諦め、また成功したら知恵が活かされたとして、成敗にこだわらず天命に安んじればよい。このようにして、失敗してもあくまで勉強するならば、いつかは再び好機となる運命にめぐり合う時がやって来る。

数十度の合戦に連戦連敗の家康が最後の勝利を得たではないか。人生の道筋はさまざまであり、ほとんど一律に論じることはできないから、時に善人が悪人に負けるように見えることもあるだろうが、長い間に善悪の区別ははっきりとつくものである。だから、成功に関する是非善悪を論じるよりも、まず、みずから誠実に努力すればよい。公平な天は、必ずその人の幸いとなるように働きかけ、運命を開拓するように仕向けてくれるだろう。

まず道理を明らかにせよ

人は何よりもまず道理を明らかにしなければならない。道理は天における日月のように、終始明らかなものだから、道理に従って事を行なう者は必ず栄え、道理に背いて事を図ろうとする者は必ず滅びることになると思う。

一時の成功や失敗などは長い人生、価値の多い生涯における泡のようなものである。しかし、この泡のようなものに憧れて目前の成敗だけを論じる者が多いようでは、国家の発展や進歩も思いやられる。そのような浮ついた考えは一掃して、社会に処して実質のある生活を送るほうがよい。

もし成敗にこだわらずに超然と立ち上がり、終始一貫、道理に則《のっと》って生きていくならば、成功や失敗のようなことよりも、それ以上に価値のある一生を送ることができるだろう。言うまでもなく成功は、人としての務めをまっとうしたことによって生じる糟粕であることにおいては、なおさら意に介すほどのことではないではないか。

初めて世に立つ青年の心得

現代の青年に共通の弊害

私がここで初めて世に立つ青年というのは、主に学校生活を終えて、初めて実社会に出る青年を指している。だいたい初めて社会に出て実際の仕事に当たる青年は、就業してからさほど期間がたっていないのに、早くも我慢の心を生じさせ、「自分は優れているのに相当な地位を与えられていない」とか、「自分にはつまらない仕事ばかりが与えられている」など、さまざまな不平を言い始め、とかく自身の境遇に対して大きな不満を抱くようである。

不思議なことは、こういう苦情が十人中九人までの共通性であるように見受けられることである。青年たちがみな同様に、みずから自分の能力が高いと考え、偉いと思っているのであれば、実際の仕事に当たって相応に働くことができるかというと、事実はまったくそれに反し、非常に意外な印象を受けるのである。

彼らに少し仕事をさせてみると、彼らが担当させられた、いわゆる「平凡な仕事」や「つまらない仕事」でさえも完全に処理することができないほどなのである。これは世に言う「眼高くして手の卑しきもの」であり、その不平を詳細に分析してみると、自分の事務に耐えられないことを自白しているのに等しいのである。要するに、これが現代青年の大きな共通の弊害だろうと思う。

かの「学は天人を貫《つらぬ》き才は文武を兼《か》ぬ」という抱負を持っていながら、あるいは不遇のうちに一生を送る者もないとは限らないが、それは昔に多くあったことで、今の世の中ではこのような現象はほとんどありえないと言ってよいだろう。どうしてかと言えば、社会がいよいよ発達するにつれて人材の必要性はますます高まっていくから、完全な人物でありさえすれば必ず需要があるからである。

もし社会から見出されないまでも、おのおのその境遇に応じて全力を傾けて一歩ずつ向上するように歩んでいけば、信用はおのずとその人の身辺に集まり、求めなくとも期せずして立身出世ができるのである。立身出世の要点は、絶対にみずからこれを行なうことにあるのではなく、自身の仕事を忠実に真面目に守ってさえいけば、他からその人に立身出世という名誉をいただけることを忘れてはならない。

順境と逆境

だいたい人が社会に立つにあたって不平を抱けば、どんなことにも必ず不平は生じてくるものである。そのように不平というものは人を驕り高ぶらせ、怠け心を生じさせ、恨み嘆かせ愚痴をこぼさせるものである。それによってたまたま逆境に陥る恐れもあるのだから、まさに世に立とうとする青年にとっては、最も注意し警戒しなければならないことだと思う。

何ごとによらず、世の中のことが自分の思ったとおりになることは少ないので、そこに一つの「あきらめ」を持ち、ある程度まで不幸なことにも耐えていかなくてはならない。

この耐えることもたび重なればそれがおのずと習慣になって、ついにはつまらないことに不平など持たないようになり、何ごとも大局を見て楽観することができるようになるものである。だから、平生から心の修養が非常に大切である。

さて、また逆境の反対である順境に立ちつつある青年の覚悟はどのようにすべきかというと、これも逆境に対処するのと同様、大いに注意しなければならない。社会に立って順境にあるもの、あるいは得意の状況に処する者に共通して見られる弊害は、往々にして調子に乗る傾向があり、人間の世界のあらゆることはすべて思いのままになると思ったり、このような状況はいつでもあるもの、いつまでも続くものと考えたりする。

したがって、心に油断や気楽さ、呑気さが生じるから、その隙に乗じてくる外からの誘惑がたちまちそこに付け入り、ついには身を誤るようなことも起こりうる。「名を成すは毎《つね》に窮苦《きゅうく》の日に在り、事に敗れるは多くは得意の時に因《よ》る」という句は、言葉は簡単ではあるが、このことの様子をよく伝えていると思う。

だから前途に多くの希望を抱く青年は、心をしっかりと引き締めて、どんなに逆境に立とうとも動じることなく、順境にあるときも驕《おご》らず、いわゆる「貧にして諛《へつら》わず、富んで礼を好む」という先人の言葉を実地に行なうよう心がけることが肝要であろう。心の持ち方は、この簡単な一語が青年の前途を暗黒にすることもあれば、光明にすることもあるので、心してかからなければならない。

人格の修養

次に、現代青年にとって最も切実に必要だと感じているのは、人格の修養である。維新以前までは社会に道徳教育が比較的豊かであったが、西洋文化が輸入されるにつれて、思想界にも少なからず変革が起こり、こんにちの有様ではほとんど道徳は混沌《こんとん》とした時代となった。

すなわち儒教は古いものとして退けられたから、今の青年にはこれが十分に噛み砕かれておらず、かといって、キリスト教がさらに一般の道徳的規範《きはん》になっているわけではない。明治時代の新たな道徳が別に成立したわけでもないから、思想界はまったく動揺期にあり、国民はいずれを信じればよいのかほとんど判断に苦しんでいるほどである。したがって、青年一般の間に人格の修養ということは、まるでいい加減にされているかのような感がないわけではない。これは、じつに憂《うれ》うべき傾向である。

世界列強国がいずれも宗教を持ち、道徳律が成り立っているのに対して、我が国だけがこの有様では、国民としては非常に恥ずかしい状況ではないか。試しに社会の現象に照らしてみると、人は往々にして利己主義の極に走り、利益のためには何でも忍んで行なう傾向がある。今では国家を富強にするよりも、むしろ自分を裕福にすることのほうが主になっている。むろん道徳は富むことよりも大切なことであるが、好んで最小限の簡素な飲食物で過ごすような清貧に甘んじて、それを変えないことを最上策とするには及ばない。

孔子が「賢なる哉回《かなかい》や」と弟子の顔淵《がんえん》（顔回《がんかい》）が清貧《せいひん》に甘んじているのを褒めた言葉は、要するに「不義にして富み且《か》つ貴きは我に於《おい》て浮雲の如《ごと》し」という言動の裏側を述べたまでで、富は必ずしも悪いと蔑《さげす》んだものではない。しかし、自分さえ裕福になればよいとして、国家社会を眼中に入れないということは最も嘆かわしいことである。

富の講釈になってしまったが、何にしても社会や人心が富に向かってしまったのは、要するに社会一般に人々の人格の修養が欠けているからである。

国民が信じて拠りどころとすべき道徳律が確立していて、人々がそれに信仰を持って社会に立つという状況であれば人格は養成されるので、社会全体に自分の利益ばかりを図るようなことはないわけである。

だから私は青年に向かい、ひたすら人格を修養することを勧める。青年というものは真摯《しんし》で素直で、しかも精気が身体に溢れて活力を外に向ける力を持ち、いわゆる威光や武力にも屈しないような人格を養い、いつか自分も裕福にするとともに国家の富強も図ることを努めなければならない。信仰が定まらない社会を生きていく青年は、危険もはなはだしいだけに、自分もそれだけ自重《じちょう》していかなければならないのである。

処世の根本にある意義

さて、人格の修養をする方法や工夫はいろいろあるだろう。あるいは仏教に信仰を求めるのもいいだろうし、キリスト教に信仰を得るのも一つの方法だろう。しかし私は青年時代から儒教を信奉し、孔子や孟子の教えは私の一生を貫いた指導者であっただけに、やはり忠信孝弟《ちゅうしんこうてい》の道を重んじることが、大いに権威のある人格養成法だと信じている。忠信孝弟の道を重んじるということはまったく仁を行なう基であり、処世上一日も欠いてはならない要件である。

これによって根本的修養を心がけた以上は、さらに知能啓発の工夫をしなければならない。知能の啓発が不十分だと、とかく世に処して物事を完全に行なうことは期待しにくい。したがって忠信孝弟の道を円満に成し遂げることもできなくなってくる。どうしてかと言えば、知能が完全に発達をしていればこそ、物事に接し応じる際に良いことと悪いことの判断もでき、それを活かして人生を豊かにする方法も身につく。ここで初めて根本的な道義心とも一致して処世において何の誤りも失敗もなく、成功者として人生をまっとうすることもできるからである。

人生の終局的な目的である成功に対しても、最近さまざまに論じる人がおり、目的を達成するためには手段を選ばないなどと成功の意義を誤解し、何をしても富を築いて地位を得さえすればそれが成功であると心得ている者もいるが、私はそのような説には絶対に味方することはできない。高尚な人格によって正義正道を行ない、そののちに得た富や地位でなければ完全な成功とは言えないのである。

とにかく社会の波風が及ばない学校生活をしていた青年諸君が初めて社会に立ったときは、学生時代の理想と相反すると思われる多くの出来事に出会うだろうが、前途がはるかに長い諸君は目の前の小さなことに考えを労することなく、心を大局に注いで本当の成功者になることを心がけてもらいたい。初めて社会に立った際、諸君に不満を与え不平を抱かせた事実も、やがてみな諸君のために益のあることばかりだから、みだりに屈服せず、慢心せず、中庸《ちゅうよう》を守って青年の本領を発揮してもらいたい。私の経験から考えて、諸君のために一言述べておく次第である。

役に立つ青年

罪は自分にあり

人に能力があるかないかは一概に推測できないことで、とくに青年時代は変化すべき前途を持っている時だから、その時の性質、傾向によってすぐに後年のことを想像することは難しい。世の中には青年時代に見込みのある人物だと見られた者が、後年かえって失敗し落ちぶれた生涯を送るようになったり、あるいは青年時代には持て余し者だったが、中年以後に出世したような例がいくらでもある。

しかし統計的に見れば、やはり青年時代に見込みのある者、役立つ者は中年以後になっても同じく役に立つ者となって世に処することができる。世の多くの人がこの傾向でいくようである。であれば、果たしてどのような青年が役に立つ人物なのだろうか。

私はいくつもの事業に関係し、多くの青年を使ってみた。彼らの中には、「仕事らしい仕事を与えてくれないからつまらない」とか「用事がなくて身体の処置に苦しむ」とよく嘆き声を発する者がいる。これはおそらく不用意に発した言葉だろうが、現代青年に共通してある不平の声で、自分もこれまでこういうことを何度となく聞いたのである。

しかし、もしこの言葉が本当に彼らの心から出たものであるとすれば、私はまことに理解できない不平であると思う。どうしてかと言えば、本当にこんな不平を口にできる青年があるならば、その青年こそ実に気の毒な人物で、いわば人に向かって自分の無能さを吹聴しているのと同じことだからである。男子として恥ずかしい限りではないのか。

いわゆる「用事がなくて困る」という嘆き声を発する青年についてその実際を調べてみたら、仕事らしい仕事をさせれくれないのは、人が与えてくれないというよりも、むしろ自分に仕事を引き付ける能力がないのではないかと思えるのである。役に立つ青年はちょうど磁石のようなもので、人に頼んで仕事を与えてもらわなくても、自分に仕事を引き付けるだけの力を持っている。

古人の言葉に「桃李《とうり》もの言わざれども下自《したおのずか》ら蹊《みち》を成す※①」とあるように、黙っていても仕事はみずから忙しくてたまらないほど、そこに寄ってくるものである。であれば、仕事がなくて困ると不平を並べるような者は、みずから仕事を引き付けるだけの能力がない者で、彼の磁石に鉄を吸引する力が欠けており、同時にみずから自分が無能である理由を他人に吹聴《ふいちょう》しているのに等しいと言わなければならない。

【註】※① 桃李もの言わざるも下自ら蹊を成す◆桃や李（すもも）は何も言わないが、花や実ができて人を惹きつけるので、自然にその下には道ができる（「史記」李将軍伝賛）。転じて、能力や徳のある人のところには自然に人が集まることを言う。

使用人が遊ぶのを喜ぶ主人はいない

だいたい大勢の人を使用している主人、大勢の人の上に立っている上長の身になって考えてみると、使用人なりその部下にはなるべく多くの仕事をしてもらいたいという希望こそ持っているが、できる限り遊んでもらいたいなどと思っている者はおそらく一人もいるはずがない。

考えてもみよ。労働に対する報酬として月給や手当を与えるのに、仕事をさせずにいたずらに遊ばせておこうとするような、そんな物好きな主人や上長がどこにいるだろうか。わずかな時間でも多く働き、一つのことでも余分に行なう雇い人を何人でも希望し尊重しなければならないはずである。

事情はじつにそんな具合であるのに、彼ら青年に仕事がないと言うのであれば、その青年は仕事を与えられないのではなく、みずから仕事をすることを望んでいないのか、さもなければ多くの仕事を与えられるだけの実力を持っていないかのいずれかだろう。実力があれば、仕事らしい仕事がなくて困ると嘆いたり、退屈に苦しむと不平を言ったりする必要はないわけである。もし青年がどんな仕事に対しても勤勉に、忠実に、誠心誠意それを行ない、多くの益をもたらすようであれば、求めなくても仕事はおのずとその青年のもとに集まってくるのである。

場合によっては、その仕事の中には彼らが嘆くように仕事らしい仕事でもない、こんなつまらないことと思うようなものもあるだろう。しかし、どんな些細なことに対しても、それをつまらない仕事だと考えるのは大きな誤りで、主宰者の側から見れば、大なり小なり仕事の価値はみな同様で、実務上の仕事には本当につまらないものは一つもないのである。たとえ小さな仕事でも、些細な問題でも、事業そのものの上から見れば、いずれも重要なことばかりであり、その中の一つを欠いても事業は完全にできるものではない。

だから、仮につまらないと見える仕事でも、これを一所懸命《いっしょけんめい》に喜んで行なう者でなければ、責任をもって仕事をする人であるとは言えないから、いきおい重要な仕事はそういう人には与えられないことになるのである。

順序、次第を考えよ

青年時代にはとかく空想にふける癖があるものだが、学校を卒業したばかりの者が実業界に入り、いきなりその手腕が大いに振るえるものと考えるのは間違いである。何ごとでも社会のことには順序、次第というものがある。

青年が空想の希望を抱いて実業界に入っても、事実はまったくそれと反対で、最初のうちは誠につまらないと思う仕事ばかり与えられるので、失望や不平の声をもらさずにはいられなくなる。しかし、これは当然の順序であり、決して不平を述べるべきことではない。何ごとも順序を追って初めて目的に達することができるのであるから、すなわち、そのつまらないと思う仕事に対して一所懸命に勉強するほうがよい。

そうしているうちに、かならず重要な仕事がしだいにその手に委ねられるようになってくるのである。それなのに、最初から用事がなくて困るというのは、本当に理解できない話ではないか。もし本当に仕事がなくて困ると思うならば、いよいよ忠実、真心を表して、ひまもないほどその職務に励み、重要な仕事を任されるだけの要因をみずから作ればいい。磁石が鉄を引き付ける力を発揮させればよい。

これは決して他人に不平を言うことではなく、責任は自分の頭上にあるのではないか。三人や五人が寄って仕事をしても、最も重要な仕事は最も実力のある者の手に託されるのである。だから、役に立つ青年ならば、用事がなくて困るなどということは断じてないはずである。諸君もみずから進んで役に立つ青年であろうと心がけてもらいたい。

私が好きな青年の性格

私の青年時代

青年の気風も、時代の推移とともにだいぶ変わってきた。自分らが若い時代の青年というものは、一般に現在よりも活発なほうであった。どちらかと言えば、ずいぶん乱暴を働き、負けん気が強かったからか、つまらないことでも他人に負けてはならないというふうで、人が何か間違ったことでも言おうものなら、すぐにその言葉尻に付け込んで盛んに口論を始める。自分のような者も、あまり賢くもないくせに、どういうものか年取った者が馬鹿に見えてしかたがなく、「本当にわかっているのか、この爺が」といった様子で、まず議論、さらに議論と、議論ばかりしていた。

もっとも、その頃は政体も時勢も現在とは全然違っており、一般に教育が普及していたわけではないから、世間の人にも知恵のある者、学問のある者は少なかったから、自分などが年長者を馬鹿にしたというのも、結局そこらに多くの理由があったのだろう。それで自分がいまだに田舎住まいをしていた時には百姓が馬鹿に見え、京都に行ったあと一橋家の役人になった頃には、また先輩がみな馬鹿に見えたものだった。

その頃、一橋《ひとつばし》家の役人の多くは家柄のお蔭《かげ》でそうなったので、中には少しは書物が読める者がないでもなかったが、読めると言っても私の読書力に比べれば大同小異であり、しかもそれらの人々は代々その職にある家に生まれて、相当な教育を受けながら、ようやくそのくらいだった。だから、その他の者が馬鹿だったことは言うまでもなく、私がむやみに人を馬鹿にしたかったのも、一つには時勢と境遇がそうさせたとも言えるようである。そんなふうだったから、ありのままに白状すれば、私の青年時代はむしろ強情、我がままに偏《かたよ》ったほうであったのである。

私が好きな青年

もし人間が、老後になっても自分の青年時代におけるような性格の青年を好むものであるとすれば、私のような者は現在、負けん気が強く意地の悪い青年が好きでなければならないはずである。しかし妙なもので、現在はそうではない。私が好きな青年がどんな人間かというと、どこまでも温良で忠実であり、山っ気がなく、自分が英雄豪傑であるかのような振る舞いをせず、純正で素直で、しかも活発な気性を持った無邪気な青年である。

今、自分がそういう気質の青年を好むことについて詳細に考察してみると、それなりの理由がないでもない。というのは、自分の青年時代は誰でも相手かまわず議論したほどで、性質は相当に強情で活発だったに違いない。そしてまた、少しは自信があって議論では簡単に引き下がることはなかったが、そのくらいだから職務などにも非常に忠実だった。しかしながら、無邪気という点については非常に疑わしい。あるいは無邪気というよりも、むしろ我がままだったのかもしれず、他人からは持てあまされた青年だったたと思う。

それでも年をとり老境に入るにつれて、しだいに修養もできてきたと見えて、こんにちにおける自分は昔の性質と一変して、意地の悪い、人に議論を吹きかけるような老人ではないつもりである。

青年時代に我がままだったのが、老年になるにしたがって無邪気に変わっていったから、たとえ青年時代の私が無邪気でなかったにしても、現在は無邪気な青年を好きになったのだろうと考えている。これらの点から推察すると、こんにちの私が忠実で活発で、しかも無邪気な青年が好きなのは、相当の理由があると思われるのである。

知恵と無邪気

もし自分がこんにちの時代に生まれて、しかも二十四、五歳の青年盛りであったなら、必ずこんにちの青年のように穏やかで素直だったと思う。私が意地悪く他人に議論を吹きかけたのも、一つには前述したように時勢がそうさせたところがあったので、現在の社会にあって、あれほど我がままで自負心があったならば、人はおそらく狂人としか思わないだろう。だから私はこんにちの時勢にしたがい思想も変わり、現代に適合する青年を好むようになった。温順で忠実で、しかも活発で無邪気な青年は、すなわち現代に適合する人と言ってよいだろう。

私はここに無邪気ということについて一言述べておきたいのだが、世の中を見渡すと、どうも知恵の優れた人物には無邪気な者が少ないように思われる。ともすれば知恵の力を借りて心にもない意見を吐いてみたりして、何でも知恵で人を抑えて服従させなければ、知恵者として、また学者としての本分が立たないと考えている者が少なくないようだ。したがって知恵を働かせる者の多くは、もともと邪気になりやすいことになる。

しかしながら、知恵があり学問があるからと言って、必ずしもその人が無邪気になれないことはないだろうと思われる。無邪気という言葉について考えてみると、邪念のない素直な天真爛漫《てんしんらんまん》な性格である。痴呆とか愚鈍とかいう意味とはまったく趣意《しゅい》を異《こと》にしているので、彼は痴呆だ愚鈍だと言われたら嫌だろうが、無邪気だと言われれば、その中に誹謗《ひぼう》するような意味合いはないはずである。

知恵の働き、学問の練習が十分にあって、それで天真爛漫な態度を持続し、知恵や学問を活用していくならば、その人格はじつに立派なものである。知力や学問の力を悪用して邪気を働かせるからこそ、多くの弊害が起こるのだが、反対の態度で無邪気に働かせる人ならば、それこそ本当に世の中の実績となる。であれば、好んで邪気の態度をとる者がどこにいるだろうか。知恵があり、学問があればあるほど、一層無邪気であることを願うべきではないか。

現代青年に希望する

以上に述べたことは、私の意見の大要《たいよう》にすぎないが、そういう性格を持っている青年は非常に私が好きな人物であるとともに、現代社会でもみなこのような青年を歓迎すると思う。彼らが実業界を志すかどうかは別にして、現代の青年はそうなるように性格を養うことを希望する。

会社銀行員に必要な資質

事務職員としての素養

会社員、銀行員と一言で言っても、それにはさまざまな種類があり、役職があるので、それらについて一つひとつ必要な条件を述べるのは容易なことではないが、会社員なり銀行員になろうとしている人のために、一般に通用する必要な資質と心得の概略を述べてみよう。

会社でも銀行でもだいたい同じことだが、事務職員になるには大きく分けて上級事務職員と下級事務職員の別がある。上級の中にも各種の別があり、下級にも各様の等差があるので、事務職員としての立場によって、それぞれに適応した才能、学問、技能を要することになる。だから一様にその資質や心得を説くことが困難なのは前述のとおりだが、仮に上級、下級の二つに区別して言えば、上級の事務職員になるには比較的高度な学問や技能の素養が必要で、下級の事務職員になるには、普通の学問の素養があるうえに常識を十分に身につけてさえいれば差し支えないだろう。

これら以外で大切なことは、精神的にしっかりしていなければならないということである。いかに学問の素養があって、技能に秀でていて、かつ適当な才能があったとしても、性格的、気質的に問題があったのでは、とうてい実業界に入って立派な事業を成し遂げることはできない。だから、精神の修養にはとくに注意しなければならない。

学問、技能上の資質

細かな説明に入る前に、学問、技能上の資質として、とくにどのようなものが必要であるかというと、そこには上級、下級の別もあり、また商業とか工芸とかいった専門的な学問もあることなので、一概に述べることができない。だが、一般的に共通し、かつ需要が多い事務職員の資質についいては、次のようなことが言えるだろう。

（第一）簿記に熟練していること

簿記は計算の基礎であり、また事務の中でも重要な能力の一つなので、事務職に就こうとする者は、必ず熟練しておかなければならない。

（第二）計算に熟練していること

計算は銀行や会社のような職場で最も主要なもので、かつ日常の事務の中でも多くの部分を占めているので、事務職員は和洋の算数の中でも、とくに珠算に熟達していなければならない。

（第三）こなれた文章が書けること

別に文筆家になるほどの才能は必要ないが、多少文章の心得があって、ちょっとした意見書なり往復文などを書けるだけの素養がなくてはならない。とくに往復書簡のようなものは、会社や銀行では一つの事務になっているので、簡潔で意味の通った文章を早く書ける腕前を必要とする。

（第四）読みやすい文字が書けること

どんなに多忙な場合でも、一見してすぐに読める、字体が正しい明確な文字が書けるように習慣づけておく必要がある。事務上ではすべて意味が通じることが大事なので、いかに書体が優雅であっても読みにくい文字では困る。明確な文字が早く書けるのが一番よいので、字画が正しければよいといっても、欠くのが遅くいのでは採用されない。筆が遅いことは事務の進行を妨げるからである。

以上は一般的な必要条件だが、このほかに下級事務職員でもだいたいの法律と外国語の素養があれば申し分ないだろう。

精神上の覚悟

精神的な資格は学問や技能とは違って、立場や階級によって分けられるものではないので、これは上級下級を通じて論じることができる。では、事務職員にはどんな性格の人が最も適当かというと、私は完全に常識が備わった人だと答える。

事務職員はすなわち読んで字のごとく、事務を処理するのに適した人物であればよいので、乱世に出て天下を平定した英雄や、革命に加わって事を画策する豪傑のような性格は必要ない。むしろ太平の世に生まれた良民、すなわち常識的な人物でなくてはならない。そして、その細部について気付いた点をいくつか拾って説明を加えてみよう。

（第一）実直であること

正直かつ親切で、かつ徳義を重んじる人でなければならない。詐欺、欺瞞の行為があって徳義が何であるかを知らない人は、たとえ一時的に役に立つことはあっても長く成功することは確約できない。

（第二）勤勉で仕事に精を出すこと

何事に当たるにも、勤勉で仕事に精を出すことが必要なのは今さら言うまでもない。これは成功の要素である。

（第三）着実であること

事を処理するのにも着実であれば、手抜かりや誤算はないので、会社や銀行の計算事務などでは、とくにこの性質が必要である。東洋の豪傑に影響を受けたような突飛な行動や不謹慎な態度は、事務職員にとって禁物である。

（第四）活発であること

会社や銀行の事務は繁忙で、かつ複雑な仕事がたくさんあるので、それに従事する者も、その仕事に添うように活発でなければならない。ただし活発と言っても粗暴、乱雑とは違い、命じられた事務を素早く処理する傾向のことである。活発でない人はとかく事務が停滞しがちである。と言っても、活発でないことと着実とを混同してはならない。

（第五）温良であること

性質が温順かつ善良で、いわゆる謙譲《けんじょう》の美徳に富み、言葉遣いや態度がともに丁寧で親切でなければならない。

（第六）規律を重んじること

会社の規則に従い、上役の命令に背かず、自己の分限を守ることが大切である。そうでなければ秩序を乱し、事務の混乱をきたすことになる。

（第七）忍耐力があること

一度従事した仕事は完了するまでやめないという心がけ、すなわち忍耐力が最も必要である。そのような辛抱強さがあって、長年実務上の経験を積んでこそ、初めて成功者になることができるのである。

学校卒業者の心得

以上は精神的な部分についての資質一般であるが、そのうえで一つ心得ておかなければならないのは、学校卒業者が初めて実業界に入る時の心がけである。もともと実業界の仕事は実地経験を主としているので、学校で学んだことがすぐに役に立つことはない。したがって実業界で重要な地位を得るようになるまでには、長年の経験と忍耐を要することを覚悟しなければならない。

ところが、私が知る卒業生の多くは高い希望を抱き、校門を出るとすぐに一足飛びに支配人、支店長の要職を得ようと夢想している。これは大きな考え違いである。なるほど支配人や支店長ないし重役の仕事は、ちょっと横から見れば、いかにも楽で、簡単にできそうではあるが、さて実地に臨んでみると、そこには言葉では言い表せない、いわゆる呼吸というものがあり、それ相応に難しい。そして、この呼吸も長年の実地経験から修得したものであるから、部外者が飛び込んでみても、それは容易に学べるものではない。だから、実業界における初心者の卒業生が、すぐに重要な地位を望むのは、かえって身のほど知らずと言われてもしかたがない。

ただし、学校出身者が高い希望を持つことは差しつかえない。希望を抱けないのはよくないが、品格を高く持ち、卑しい考えを投げ打ち、高潔な精神を抱くことは大いに歓迎すべきことで、ここで学校卒業者の気品を示すのがよいと思う。そして実力以上の願望に憧れことなく、もし実務上、下級の地位を与えられても、それに不平を言うことなく忍耐して自分を磨くことに務めればよい。そのように忍耐強く努力を重ねていれば、ついに自分が望むようになるだろう。私はこの点について学校卒業者の短所を知っているので、とくにこのような注意と警告を与えておきたいと思うのである。

服従と反抗

解題

一言で服従や反抗と言えば、服従は善意に解釈され、反抗は悪意として見なされるようだが、必ずしも服従は善意とは限らず、反抗も悪意ではない場合がある。私はここで、服従と反抗の両方について少し説いて見ようと思う。

まず服従とはどんなことなのか。これを解釈するにも、なかなか広い意味がある。すなわち服従とは、人に使われる者が主人もしくは目上の人の言葉に従うこと、子弟が父母または教師の教えを守ること、家族が家長の言いつけに従い、また家法を守ることなどだが、大きな意味では国民が国の基本的な法、つまり憲法を重んじて遵守することなども含まれる。しかしこの服従も、正否の分別もなく、とにかく人の意見に同意したり、人にへつらったり気にいられるようにしたりすることなどは、あまり尊重すべきものとは思えない。

服従とは逆の反抗という言葉は、語感からして悪い印象があるようだが、場合によっては必要なこともある。たとえば一家の使用人などが、主人の非道や不公平な行ないに対して正当な道理によって反抗したために、禍転《わざわい》じて福となし、悪いことを改めさせて状況がよくなれば、反抗は決して悪いことではない。だから、服従が必ずしも良いとは言えず、反抗が時には必要な手段となることもあるのだ。

服従の意義

服従ということの意味は、大きくは国民が憲法に従い、小さくは使用人が主人に対して従順であることなどでだいたい言い表せているが、もしある時それらの務めが守られなくなれば、国家では法が行なわれず、社会では主従関係、長幼の関係が乱れ、家庭の円満や平和も欠くことになってしまう。だから、服従の責任を持っている者は、必ずその道を守ることが自分の義務であることを心得るとよい。

ただし服従に対しても、上長の命令が良いことなのか悪いことなのかについて常に考慮しなければならない。これはまた非常に難しいことである。だいたい上長が決めた規則や決まりごとが適切で完全であればよいのだが、人間が一つひとつ良い決まりを定めることはとうてい不可能だから、ともすれば杓子定規に行なわなければならないこともある。たとえば上長が、暑い時に布団、寒い時にうちわを持ってこいと命令しないとも限らない。また庭の真ん中に井戸を掘れと言われても、旦那様の言葉であれば背くわけにもいかない。

水戸光圀公が「主と親は無理なるものと知れ」と言われたように、服従すべき側の者から考えると、とかく上長は無理を言うように思われる。そのようなことは、道理から推し測れば間違いであるかもしれないが、国法を定め家訓を定めるに上には、絶対的な服従を認めなければならない場合があるから、水戸義公のような賢者でさえも、このような言葉を残されたのだろう。

反抗の意義

以上のように服従が必要であるならば、反抗はそれだけ不必要なものでなければならないことになる。どんな場合であっても、上長に服従するのはその上長を深く敬愛しているからであるとすれば、その指揮や命令が道理にかなっておらず、上長のためにならないと思った場合には、反抗する必要性も生じてくるわけである。ましてその反抗が、その家の禍を消し去り、国家の騒乱を防ぐことになるようなことであれば、反抗は大いに役に立ち意味のあるものだと言える。

であれば、反抗が必要なのはどんな場合かというと、それはちょっと明言するのに苦しむことだが、まず法と情の双方の区別から考えなければならない。法のうえから考えれば上長の命令には絶対的に服従しなければならないが、情のほうから考えれば、たとえ上長の命令であっても、道理に背いていることなら反抗しなければならないこともある。しかし上長に対して反抗が行なわれるのは、事態における変である。この変が常に行なわれるものであれば、最終的には主従関係もなくなる道理だが、そういう結論になる反抗は決してよくない。だから、反抗には法と情との合理的な区別が大切であり、この区別を誤る場合は反抗する価値がないのである。

例を示せば、あの赤穂浪士四十七名はこんにち忠義心の鑑《かがみ》と称えられているが、その行動を解剖してみれば、情においては反抗して吉良義央《きらよしひさ》（上野介《こうずけのすけ》）を殺したが、法には背いた行為である。それ以前、もし幕府が両成敗をしたなら、あんな結果にはならなかっただろうが、浅野長矩《あさのながのり》（内匠頭《たくみのかみ》）が殿中《でんちゅう》において抜刀したことの違法を責めただけで、そうなるに至った義央の罪を問わなかったので、忠臣たる者は君主の恥辱をそのままにしてはおけないとして、ついに法を犯して復讐した。

つまり義士たちは情のために法を犯して反抗を試みたけれども、二百年後のこんにちに至るまで忠臣義士と呼ばれているのは、反抗が合理的であったからである。だから、一方だけが悪いときは反抗の価値がまったくないだけでなく、非常に悪い場合にはかえって大いに反抗する必要があると感じるのである。

桜田門外の変に対する判断

もう一つ例を挙げれば、安政七年三月に大老井伊《いい》直弼《なおすけ》が桜田門外で水戸浪士に斬殺※①されたようなこともある。この事件はもちろん赤穂浪士の義挙とは違うが、最終的に反抗が起こった理由は非道理に対する恨みによるもので、よく似ている。彼らを逆賊とするか義士とするかは意見が別れるところで、井伊大老の処置が残虐であるとすれば彼らは義士であり、井伊大老が正当な方法をとったとすれば賊の汚名を着せられなければならない。

水戸浪士によれば、幕府が外国に対する問題は一国の一大事である。将軍の職にある者は、天子の命を受けて事を決するのが当然の方法であるのに、それを聞こうともせずに外国に返答した井伊のやり方はよくないというのが彼らの言い分であった。ところが、井伊大老は、幕府の政治に対してはいちいち朝廷の命を奉ずるには及ばないという趣旨で、外国と仮の条約を締結した。

この勝手な処置を知って、当時の有志はその横暴ぶりを非難し、世論もやかましくなったので、井伊大老はすぐに近衛、鷹司らの公卿を罰し、識者や浪士たちを捕まえて、橋本左内、頼三樹三郎《らいみきさぶろう》、吉田松陰、梅田源次郎その他数名の志士を一網打尽にした。それによって、不義不正を非難する者たちはいよいよ井伊大老の非道さ、残酷さに憤った。

さらに一つ議論が起こった。幕府には天皇から外国人を打ち払う命令が下され、水戸藩にも勅命が下されていたのに、幕府は水戸藩にこの勅命を返上しろと命じた。しかし水戸藩がこれに従わなかったため、井伊大老は命令に反抗する者を捕まえて罰したのである。そこで水戸藩士は、法においては幕府に服従しなければならないが、情においては反抗せざるをえないとして、ついに十八名の決死隊が申し合わせ、井伊大老が登城する機会を狙って白昼、桜田門外で井伊を倒したのだった。

この十八名はその際に討ち死にし、またはその後に処刑されたが、当時の逆賊は明治の現在においてかえって志士と称され、招魂社《しょうこんしゃ》※②に合祀《ごうし》されており、功績を重んじて位を贈られた者も多い。それだけでなく、この事件はのちの人間が桜田義挙と称え、最近では岩崎英重氏が「維新史料桜田義挙録」という書物を著して、彼らの義挙を永遠に伝えようと企画した。福本日南氏はこの書物の序文として、服従は場合によってはできないものであるという意味のことを述べている。

【註】※①　斬殺◆桜田門外の変（一八六〇年三月二四日）。
※②　招魂社（しょうこんしゃ）◆明治維新前からの近代において、国家のために犠牲になった英霊を祀った神社。明治一二年（一八七九）靖国神社と改称され、地方の招魂社は護国神社と改称された。

反抗の極致

前述の二件は反抗の極端な例であり、普通に考えられる例とは言えないが、そもそも服従は道理にかなっていることとして行なわれるのであり、上長の言いつけにはだいたい服従しても間違いないものだが、それについても正否、善悪を判断する必要がある。結果的に上長の命令が道理にかなわないものであれば、反抗する必要もあることになる。

しかし反抗には最大の注意を要するものなので、仮にも上長を怒らせることなく、論争に及ばない範囲でその問題を改善させるようにしなければならない。すなわち反抗するにも表面的には反抗の意思を表わさずに、円滑に改善されるようにしたいものである。もし反抗を表面に表わさずに実行できる方法があるならば、それこそ反抗の極致と言ってよいだろう。

しかし、それには平素から偽りのない真心、誠意が必要である。問題が起こった時、すぐにそうしようと思っても、平生の心がけがよくなければ、功を奏することは難しい。普段から真心、誠意を持って事に当たっていれば、いざという時にそれが非常な力となって自分を助けてくれるものである。そのような方法で問題を解決しようとすれば、必ず反抗を成功させられるだろう。

大舜《しゅん》※③は、良いことと認めることであれば、人の言うことであっても己を捨てて従ったそうである。反抗の場合でも、どこまでも自分の意見を貫こうとすれば執拗な行為となる。だから日常にあることは、自分を押し出さずに年長者や上長の言うこともよく聞き、もしその中であとあと大事に至るようなことがあれば、そのことだけに対して反対すればよい。つまり反抗は、やむをえず、そうするものでなければならない。自分から進んで波乱を起こすようなことや、あからさまに間違いを暴いて正すようなことは、君子人は決してしないことである。

【註】※③　大舜◆舜（しゅん）。中国の伝説的な君主。堯（ぎょう）と並んで聖人として崇められている。

逆境における処世術

逆境における処世術

順境は自ら作る境遇である

世の人々は順境逆境ということをよく言うが、もし世の中が順調に進んでいき、政治が正しく行なわれ、何ごとも平穏無事ならば、順境とか逆境などというのは希なことでなければならない。時には運不運によって順境にも立つこともあり、逆境に陥ることもないとは言えないが、多くはその人の勉強や智恵が足りないところから逆境を招き入れ、それと反対に勉強が十分であれば知恵もつき、物事に対する考慮も深まり、状況に適応した生き方ができるので、順境に立つことができるのは自然の理である。

そうしてみれば、とくに順境と逆境とかいうものがこの世の中に存在しているのではなく、むしろ人の賢さ愚かさ、才能や無能によって、ことさらに順逆二つの状況が作り出されていると見て差し支えない。私は本当にそのように信じており、順境や逆境はすべて人々の心がけによって作り出されるものであるとして見れば、天が決めることのように考えて、順境である、逆境であるとは言えないはずである。

だから一言で順境逆境と言っても、そうなった理由を究めて、この人はこういう理由で逆境にいる、あの人はああいう理由で順境にいる、ということをよく判断しないと、順境逆境に対処する方法を根底から論じることもできないわけである。

順境を作る人、逆境を作る人

では、人はいかにして順逆二つの状況を作り出すのだろうか。私は今、二つの例を引いてこの説明を試みたいと思う。

ここに二人の人がいるとして、一人は地位もなければ富もなく、もちろんこの人を引き立てる先輩などもいない。すなわち世に立って出世すべき素因となるものが非常に弱いのだが、わずかに世の中に立てるだけの学問は一通り身につけて世の中に出たとする。じつは、この人には非凡な能力があって、身体が健康で、いかにも勉強家であり、行ないに節度があり、何をさせても先輩に安心感を与えるように仕上げるだけでなく、かえって上長の予想以上にやろうものなら、大勢の人間が必ずこの人の仕事を称賛するに違いない。

そして、この人は役所であろうと民間企業であろうと自分が言ったことは必ず実行し、仕事も成功し、ついには富も出世も得られるようになる。この人の身分や地位をはたから見ている人たちは、間違いなく彼は順境にいると思うだろうが、じつは順境でも逆境でもなく、その人が自らの力でそういう境遇を作り出したにすぎないのである。

もう一人の人は生まれつき怠惰であり、学校時代は落第ばかりしていたところをようやくお情で卒業できたが、その後はそれまでに学んだ学問で世の中に立っていかなければならない。けれども性質が愚鈍で不勉強だから、職を得ても上役から命じられることが何もかも思うようにはできない。心の中では不平が募って仕事に忠実さを欠き、上役の受けが悪くなり、ついに免職されてしまう。家に帰れば父母兄弟からは疎《うと》んじられ、家庭内の信用もないくらいだから、郷里でも信用がない。

こうなれば不平はますます高まり、自暴自棄に陥って、そこに付け込んで悪友が誘惑すると思わず悪い道に踏み入り、いきおい正しい道では世に立っていけないことになるから、やむをえず窮地に追い込まれて彷徨《さまよ》わなければならない。世の人々がこれを見て逆境と言い、いかにも逆境であるらしく見えるのだが、じつはそうではなく、すべて自らが招いた境遇なのだ。

韓退之《かんたいし》が※①その子を励ました詩の中に、主として学問を勉強することについて言ったものがあるが、それはまた順境と逆境に分かれる理由を知るのに十分なものである。要するに、悪い者には教えてもしかたがなく、善い者は教えなくても自ら方法を知っていて、自然にその運命を作り出すものである。だから厳正な意味から論じれば、この世の中には順境も逆境もないということになるのである。

【註】※①　韓退之（かんたいし）◆韓愈（かんゆ七六八～八二四）。中国中唐代の文人であり、高級官僚でもあった。

順境も逆境も人為的なものである

もし、その人に優れた知能があり、自分に不足しているところを補うように勉強していけば、決して逆境に陥るはずはない。逆境がなければ順境という言葉もなくなる。自ら進んで逆境という結果を招く人がいるから、それに対して順境などという言葉が生じてくるのである。たとえば身体の弱い人が、気候が寒くなって風邪を引いたとか、陽気にあたって腹痛がするなどと言うことがあるが、もともと自分の体質が弱いことは口にしない。

これも風邪や腹痛という結果となる前に、身体さえ強くしておけば気候の変化で身体をこわすことはないだろうに、平素の注意を怠ったために自ら病気を招くのである。ところが病気になった時に、それを自分のせいにはせずに気候を恨むようなことでは、自ら作った逆境の罪を天に負わせるのと同じ論法である。

孟子が梁の恵王に「王歳《とし》を罪すること無くんば、斯《このよう》に天下の民至らん」と言ったのもやはり同じ意味であり、政治が悪いことを言わずに、歳が悪いことに罪を負わせようとした誤りである。もし民が従うことを願うならば、歳の豊凶はあえて問題とすべきことではなく、統治者の徳行の問題を第一に問わなければならない。ところが民が服従しないからといって、罪を凶歳つまり穀物の不作のせいにして、自分の徳の足りなさを忘れているのは、まるで自分から逆境を作りながら、その罪を天に負わせようとするのと同じことである。

とにかく世の人々の多くは、自分の知能や勤勉さの問題を理由とせずに、逆境の中にいるかのように言う悪い癖があるが、それは非常に愚かなことである。私は相当に勉強して知能を高めれば、世の人々のいわゆる逆境などは決してやってこないと信じている。

本当の意味の逆境

以上に述べたことからすれば、私は絶対に逆境はないものであると言いたいのだが、そうまで極端に言いきれない場合が一つある。それは知能や腕前などに何一つ欠点がなく、勤勉で努力家で人の模範になるような人物でも、政治界、実業界では順当に志が実行されていく者と、その反対に何ごとも意志に反して挫折する者とがいる。

後者のような場合について、私は本当の意味で逆境という言葉を使いたいのである。これを前に述べたような種類の逆境、すなわち世の人々が逆境と言うが、じつはその人自らが作り出した境遇である場合と、ここで私が論じるように人物や行動に欠点がないにもかかわらず、社会の風潮や周囲の境遇によって自然に逆境に立たなければならなくなった場合とを比較すれば、その差はどういうものだろうか。

前者のような場合は、そんな境遇に陥らないようにしようとすれば、その人の心がけ一つでどうにでもなる性質のものだが、後者はそれと同様に見るわけにはいかない。たとえ自分がどのようにも対処していこうと思っても、社会の風潮、周囲の事情がそれを逆の方向に運んでいくからには、ある意味では人間の力の及ばない部分がある。すなわち天命によってそうなったのだと覚悟しなければならない。

そのような場合に身を置いた人にとって、初めて逆境に対する心得が必要になる。だから私は、この意味において逆境における処世術を説こうと思うのである。

私も逆境に処してきた一人である

まず本当の逆境とはどのような場合を言うのか、実例に照らして一応の説明を試みたいと思う。だいたい世の中は順調を保って平穏無事にいくのが普通であるべきはずなのだが、水に波動があるように、空中に風が起こるように、平静な国家社会でさえも時として革命や変乱などが起こらないとも限らない。これを平穏無事な時と比べれば、明らかに逆であるが、人も偶然このような変乱の時代に生まれて、本意ではないのにその渦中に巻き込まれるのは不幸な者で、こういうのが本当に逆境に立つということではないだろうか。

　そうであれば、私も逆境に処してきた一人である。私は偶然、維新前後の世の中が最も騒々しかった時代に生まれ、さまざまな変化に出遭ってこんにちに及んだ。顧みれば維新におけるような世の変化に際しては、いかに知能がある者でも、また勉強家でも、意志に反して逆境に立ったり、あるいは順境に向かったりしないとは言いきれない。現に私は、最初は尊王倒幕、攘夷鎖国を論じて東西を奔走していたのだが、のちには一橋家の家来となり、幕府の臣下となり、それから民部公子《みんぶこうし》※②に随行《ずいこう》してフランスに渡航したのだが、帰国してみれば幕府は亡びて世の中は王政に変わっていた。

　この間の変化は、あるいは自分に知能が足りないことはあっただろうが、勉強については、自分は力いっぱいにやってきたつもりで不足はなかったと思う。しかし、社会の変転、政体の革新に遭ってはどうすることもできず、私は本当に逆境の中に置かれてしまったのである。その頃、逆境にいて最も困難だったことは今もなお記憶している。当時、困難に遭った者は私一人ではなく、相当の人材がいた中でも、私と同じ境遇に陥った者が大勢いたに違いない。このようなことは結局、大きな変化に遭っては免れることができないことだろう。

こんな大きな波乱は少ないとしても、時代の推移につれて、常に人生に小さな波乱があることはやむをえない。したがって、その渦中に投げ込まれて逆境に立つ人も常にいるだろうから、社会に逆境は絶対にないと断言することはできないのである。そこで、順境と逆境の違いを論じる者は、その原因について深く調べてそれが人為的な逆境なのか、自然に降りかかってきた逆境なのかを区別し、そののちにこれに応じる策を立てなければならない。

【註】※② 民部公子◆十五代将軍徳川慶喜の弟、昭武。慶応三年（一八六七）、パリ万国博覧会に出席するため、渋沢栄一は昭武をはじめとする二五名の一行に会計係として随行した。

逆境に処する心得

さて、逆境に立たされた場合、いかにしてそこに対処すべきだろうか。神ではない私は、それに対する特別の秘訣を持っているわけではない。また、おそらく世の中にもそういう秘訣を知っている人はいないだろう。

しかし私が逆境に立った時、自ら実地に経験したことや道理のうえから考えて見ると、もし誰でも自然に逆境に立った場合には、第一にそれが自分の本分であると覚悟するのが唯一の策だろうと思う。足るを知りて分を守り、これをどんなに焦って考えたとしても天命なのだからしかたがないとあきらめれば、どんなに対処しにくい逆境にいても、心は平静になるに違いない。

ところが、もしこの場合を人為的なものと解釈し、人間の力でどうにかなるものだと考えるならば、いたずらに苦労の種が増えるばかりか、労多くして功のない結果となり、ついには逆境に疲れさせられて、のちの策を講じることすらできなくなってしまうだろう。

だから自然に陥ってしまった逆境に対処するには、まず天命に甘んじて、ゆっくりと運命を待ちながら、気を緩めず屈することなく勉強するのがよい。

それに反して、人為的な逆境に陥った場合はどうすべきかというと、人為的に逆境を招いてしまうのは、多くは他動的なことではなく自動的なことであるのは、すでに述べたことで明らかなので、どんなことも自分に省みて悪い点を改めるよりほかに方法はない。前述したとおり、世の中のことは自動的に起こることが多く、自分からこうしたい、ああしたいと奮闘しさえすれば、たいがいはその希望通りになるものである。

ところが多くの人は、自ら幸福な運命を招こうとはせずに、かえって逆境を招くようなことをしてしまう。それでは順境に立ちたい、幸福な生涯を送りたいと思っても、それが得られるはずがないではないか。だから、自分から生じてついに逆境に立たなければならない運命を余儀なくされた場合は、まず自分の悪い点を直し、天命と自覚したならば、それに対して完全に道理を尽くす以外に逆境に対する方法はないと思う。

現代学生気質

時代は人を作る

世の人々は学生問題について注目するようになり、これに対して甲は良くて乙は悪いといったことがやかましく議論されている。私も学生気質《かたぎ》について少し意見を述べてみよう。

現代における先輩と目される人々が、口を開けば必ず古今の学生気質の変遷を云々し、誰でも維新以前と比較して、こんにちの学生は一般に気力が衰えたとか、活気に乏しいとか、豪放の気風が失せたとか、敵愾《てきがい》心が薄らいだとか批評する。けれども、この批評は彼ら学生に対して正確なものだろうか。当を得ているだろうか。私の考えるところでは、必ずしもそうとばかりは言えないように思う。

だいたい古今の記録に照らし合わせると、時代によって人物が作り出されることがあり、あるいは人物の出方が変化することがある。時にあるいは進歩的、開発的な人物がしきりに出ることがあれば、ある時はまた保守的な人物ばかりが出ることがある。要するに時代の気運の変化が人の心に影響した結果、人の心を自然に時代に伴うように変化させることになるからだろう。

そして、このような事実は昔から中国にも日本にもたくさんあったことで、卑近《ひきん》な一例を挙げれば、元亀《げんき》、天正《てんしょう》年代の人心と元禄、享保《きょうほ》年代の人心のようなものは、明らかにこれを証明している。人々が知っているような元亀、天正の変わり目は群雄割拠《ぐんゆうかっきょ》の戦国時代だったから、人は戦闘、討伐が上手になり、人心は武術を尊び勇猛な気風に傾いて、世の中は無益に殺伐とした風が吹き荒れていたのだった。ところが元禄、享保《きょうほ》年間になると、まったくこれに反して人は文学や技芸を重んじて、人心もまた、おのずと軟弱で華美な雰囲気に流れ、世の中全体が淀みなく学問や文芸を好み、淫らな空気も漂うようになった。

この二つの時代の対照は両面の極端さを示しているほどではないが、現代にもややそれに類したものがあり、維新以前と現在とはそれぞれの気運が二つの異なった時代を成立させ、人もまた異なる性格によって世の中を生きていかなければならなかった。すなわち人々に勇敢な態度や勇猛の気を与えたのはほとんど維新以前であり、沈着な態度や精密な考慮を持ち合わせる者が多いのはこんにちの時代である。

このように維新以前と現在とは時勢が変化しているのだから、学生気質もまた違っているのは、むしろ当然のことだろうと思う。

昔の学生と現在の学生

前述したことは、今の学生の気質に対する批評が当を得ていないことを説明するだいたいの話である。私はさらに一歩進んで、より本質的な理由についてあらためて説明したい。だいたい世の中のことは、目的がどんなものであるかによって、その形に変化が現われるものである。人は、その希望がどんなものであるかによって、自然とそこに多種多様な違いを生ずるものである。たとえば自分は将来このようにありたい、こうなってみたいという考えを抱くにつれて、日常の行ないにも違いが生じ、性格にも変化が生じることになるのである。

同じ学生と言っても、維新前の学生と現在の学生とは、その内容に大きな差がある。以前の学生のほとんどすべては漢学生で、将来の目的や希望はみな一様に治国平天下《ちこくへいてんか》、つまり天下を治めるために、まず国を治めるということにあった。とくにその時代が、政体や綱紀《こうき》を引き締め直してさまざまな規則を拡張し、いろいろな分野の文化を整頓する時であったならば、どんなに気概のある学生でも、野心のある学生でも、どうすることもできないことであったに違いない。

ところが事実はこれに反していたから、国の将来を憂える者にはもちろん黙視できないことであった。多少でも国家の前途を考える者にはすぐに政治上の欠点が見え、いつとはなしにそれに対する不満不平の心が起こり、この心が一歩一歩進んでいき、それにつれて目的も向上するからたまらない。初めのうちは武士と農民との格式が違うようなことを不平としていた者も、ついに国家はなぜ少人数によって政治が行なわれているのだろうか、何の理由があって家柄の知られた人だけが政務にあたることになるのだろうか、という不満を持つようになる。

少人数でも家柄の知られた人でも問題なく政治を行っていればまだしも、悪政を行なうようではいよいよ黙ってはいられないというので、書生は十人が十人まで、みずから天下を背負って立つつもりでいたものだ。だから、彼らの気風もなかなか自信に満ちていて活気もあった。

ところが現在の世の有様はまったくそれに反し、政治上はもちろん、社会のあらゆることは一つとして整頓《せいとん》しなくてはならないということはなく、維新前が荒れ狂う大波が逆巻《さかま》くようなものであれば、現在は穏やかさばかりの海上のような時代である。だから学生も治国平天下《ちこくへいてんか》のような問題に没頭する必要はなく、彼らは主として文学、法律、商業、工業、物理学などのような各種の科学などを研究すればやっていかれる時世になっている。

したがって彼らの気風も自分が学ぶ分野に感化されて、昔の豪放で奔放だった頃に反して非常に沈着で精密な態度を生ずることになった。だから今、この両者を比較して批評し、昔の学生は気概があったが、今の学生は軟弱になったなどと言う者は、その根本を理解せずに枝葉だけを取り上げようとしている者と言ってよいだろう。

私は現在の学生に同情する

私の家庭にも学生がいる。自分の子供も現に大学と高等学校に通学している。さて、私はこれらの身近な例に照らして学生気質を察すると、私の書生時代の気風と子供たちの気風とはまったく違っていて、世の人々が言うように敵愾心《てきがいしん》も気力もないように見える。自分たちの学生時代は意気盛んだった、現在の学生はその足元にも及ばない点がある。

しかしながら、昔と今とは学生そのものの目的が違い、行動を異にしているから、現在の学生の気質が必ずしも悪いとは言えない。こんにち憂国の士が、昔偉かった学生の作法や気質を見た目によって、現在の学生の作法や気質を批評し、すぐに最終的な判断を下して、今の学生は昔の学生に劣っていると言うようなことは、ひどくいい加減なことではないか。私は昔と今とを比較して、学生の人物が必ずしも劣っているとは思えないのである。それればかりか、現在の学生が思慮のない先輩のためにとかく言われるような批評を下されることに対して、むしろ気の毒なことと思い、同情せずにはいられないのである。

退廃した子弟の情義

学問のしかたに異議はない

学生気質《かたぎ》と関連して一言述べたいのは、子弟間の情義《じょうぎ》、つまり精神的な触れ合いが昔と今とで非常に変わってきたということである。

学制は別問題として、現在の学問のしかたについて、私は一言も批評するつもりはない。どんなに昔の雰囲気や様式を慕うからといって、学問のしかたまで昔のほうがよいとして現在を批判するのは間違った考えだと思う。だいたい学問の目的は千人中一人の英才を作るためではなく、千人が千人みな一様に効果を表すように教育することが理想である。

だから一面から観察すれば、非常に優れた英才に対してはそんな教育方法ではなく、かえって昔の方法でいくらでもその人が進歩するままに任せて学問をさせたほうが大きな効果を得られるかもしれない。言い換えれば現在の学問のしかたは、ある場合には抜群の才能に対して邪魔をするきらいがあるかもしれない。

しかしながら、昔の学生の能力は非常にまばらであり、同じ門下生でありながら甲の力と乙の力では格段の差があったものである。現在の教育方法にはこの弊害が少なく、一人の優れた才能を育てない代わりに、九百九十九人の同じような能力を持った者を養成することを目的とするようになったのである。これは明らかに学問のしかたの進歩と言わなければならない。

例を示せば、国家を治める場合も同じことが言える。一国の政治は一人の国民に満足な治安を得させようとするためではなく、なるべく大勢の人が活用できて豊かな生活を送れるような方法を身につけさせることが目的である。憲法政治のようなものはまさにこの例に漏れず、賢明な君主が独裁でよい政治を行なうならば簡単でやりやすい方法だから、どの国でもそうするほうが世話が焼けない。

しかし暴君や汚れた役人が出た場合、これを矯正することができないから、国民側から見れば非常に不安このうえない状況である。それよりも大人数によって国政をどうするか決める立憲政体のほうが、政治を行なううえで多くの複雑な仕事が伴うとしても、国民をたいへん安心させることができる。だから、今や立憲政体は進歩した政治方法として世界に認められているのである。

現在の教育方法も、この政治上の問題と同様のものである。千人中一人の英才を犠牲にしても、普通に役に立つ九百九十九人の人物を作ることは、本当に進歩した学問の方法と言わなければならない。だから私は、現在の学問の方法に関しては一言も非難するような余地はないと思うのである。

教育者に人材が乏しい

とは言うものの、私は現在の教育において、いまだに残念に思うことがある。それは官公立学校と私学を問わず、一般的傾向として学問の精神的な部分が欠けていることと、学問の範囲が拡大されたためか、教育に当たる者としてふさわしい人材を得ることができないということである。

最初の精神的部分が欠けていることは、こんにち多少でも志のある識者が同様に憂えることだが、こんにちの教育は主として知識だけに傾いている。これを昔のように精神に重点を置いて、知識はほとんど従属的なものであるかのような観のある時代に比べれば、知識の面では非常な進歩を遂げているに違いないが、これに反し精神はかえって退歩しているように思われる。

それから次の教育者に人材が得られないことも、あながち自分一人だけの感想ではない。維新以前はほとんど漢学を学んだ時代だったから、数百年もこれを練習してきた結果、教育に当たる人が身につけた精神も学問も立派なもので、人の模範として恥じることのないほどの人の多くが教師となった。

ところが維新後、急に西欧諸国の文明が輸入された結果、学問の範囲も非常に広くなったので、修学時間が短いにもかかわらず、学ばなければならない科目が多く、教員を養成する期間もないものだから一般に優れた教員が少ないのである。維新以前の教育者と比べると、いわゆる「でも教員」というような人が多くなった。そして、その教育は右から左へ口移しにするというような有様だが、教育の成果はそんなことで上がるものではない。範囲が広くなれば勢い教え方が雑然として、まとまりのないものになるばかりか、彼らに人の模範になるという精神がないことが大きな欠点でははないだろうか。生活のために教育者になることについては異議はないとしても、自信を持って教育を行なうくらいの人ならば、少なくとも学識に伴う人格を備えていなければならず、そうあってこそ教育の本旨に添った訓導者《くんどうしゃ》と称することができる。

ところが、教育者たる者が、時には学問の切り売りをするのである。精神的な教育に関しては、ほとんど何もかかわることがないようになっては、弊害もひどいものだと言わなければならない。「源濁れば末清《す》まず」という古い言葉のように、このような教師に感化され薫陶《くんとう》を受けた生徒こそ災難で、こんなふうでは善良な人物ができるはずがないと思う。

子弟の情義は消え去った

いま述べたように、現在だいたいの教育において子弟間の感化のようなものはほとんどなくなった。子弟はまるでたまたま居合わせた人どうしのように、道で行き違っても互いに顔を見交わすこともなく通りすぎるというような有様で、一人は生活のために学問の切り売りをするのだと考え、一人は月謝を出した報酬として口移しの学問を学ぶのだというような思いを抱いて、その間に昔のような厚い精神的なやりとりなどなくなった。

ただし、こう言ったからといって、私は決して悪意をもって現在の教育者全員を口汚く罵《ののし》るつもりはない。かつ、多くある学校の中には帝国大学もしくはその部内の学校とか、官公私立の学校には、生まれつき備わった徳を活かして立派に一代の模範的教師と称される人も相応に見受けられる。したがって、これらの学校における子弟の間柄はやや古い状態にあり、学長などの人物に憧れて入学する者も多く見られるが、もしその人が亡くなればその美しい気風も衰退していかざるをえないと思うのである。

このような有様で、どうして生徒を心から喜ばせることができるだろうか。教育界において最も残念なことである学校騒動のようなものは、このために起こってくる。そうでなくても生徒の教師に対する見方は、まるで学友か何かのようなもので、その欠点を捉《とら》えてはそれを批評し、癖を見つけてはそれを真似し、ひどいものでは頭から教師を馬鹿にしている者などもいる。このようにして教師には一つも威厳がなくなり、生徒は服従することを知らない。それで果たして理想的な教育が行なえるのであろうか。

生徒は教師の人格に心服し、教師は生徒をまるで子供のように見ながら、その間にある深い情義、つまり精神的な触れ合いによって初めて本当の教育が行なわれるものである。それでこそ感化、薫陶《くんとう》という言葉も当を得たものになる。ところが現在のような有様では、教師は子弟の心の触れ合いも何もない。ただ教える人、教えられる人という違いがあるだけである。私は今、この弊害を見て非常に困ったことだと思っている。しかし、どうすればこの弊害を改めてよいのか、その方法はいまだに十分に考えていないが、このまま放っておくべきではないということだけは、はっきりと言うことができる。

美しかった昔の子弟関係

その昔、漢学者の間での師弟関係は、非常に美しいものだった。弟子がその師を父のように思い、何から何までその指導に従い、教えを守り、それに倣《なら》って物事を行ない、少しでもその師を批評したり反抗したりするような、現在の学生のような態度はなかった。弟子に対してそこまで感化させたり薫陶したりしたのは、やはり師匠としての人々が偉かった証拠であり、人格の備わった人でなければ真似のできないことである。

弟子が師に対して父を慕《した》うように細やかな心を通わせるようになるまでには、その師匠たる者もまた、弟子を我が子のように見て愛し、今の多くの教員が生活のために学問の切り売りをするようなやり方とはまったく異なっていた。その父がその子の一挙一動によく心を払い、思いを注いで教え諭《さと》すのと同じ気持ちで、師匠はその弟子を見たのであった。

師弟の心の通い合いが深かった例はいくらでもあるが、とりわけ、かの熊沢蕃山《くまざわばんざん》※①が中江《なかえ》藤樹《とうじゅ》※②の門に学ぼうと志し、三日間絶食して師の門前に座って動かなかったというような話は、美談として人の知るところである。蕃山という人はなかなか人に屈するような人ではないように思われる。あれほどの人物でありながら藤樹の門に教えを請うたのは、第一に急速に師を慕う思いが強くなったからである。また新井白石※③は木下順庵※④の門に学んだが、後日あれだけの学識や卓見を持つようになり、あれだけの地位を得るようになったにもかかわらず、師匠である順庵のことは死ぬまで褒め通していた。

近いところでは廣瀬淡窓《ひろせたんそう》※⑤のような例は、仮にも淡窓翁のような門下に遊んだ者が翁を神のように褒め称えずにはおかないというのも、要するに師たる者の影響がその弟子に十分に及んでいるからのことであると思う。そして藤樹といい、順庵といい、ないしは淡窓と言おうとも、みな古風な漢学の先生であり、世界のことはどちらかというとあまり知らない人であったにもかかわらず、弟子の素質を活かしながら育て上げ、感化する力はそれほどのものであった。

それに対して現在、宇宙間の森羅万象《しんらばんしょう》何事も広く知っておられる先生がたはどのような感想を持つであろうか。しかし、現在のような教師の行儀は、かえって学生に深く感化を及ぼさないほうがよいのかもしれない。もし学生が何から何まで先生の行儀を真似たならば、その結果はかえってとんでもないものになってしまうだろう。

私は学問のしかたについてはどこまでも賛成するが、子弟間の風習だけはどうにかして昔の美しい気風に引き戻したいと思う心情から、あえて広く世の中の識者に自分の意見を披露して警告する次第である。

【註】

※① 熊沢蕃山◆江戸時代初期の陽明学者（一六一九～一六九一）。

※② 中江藤樹◆江戸時代初期の陽明学者（一六〇八～一六四八）。

※③ 新井白石◆新井君美（一六五七～一七二五）。江戸時代中期の政治家、学者。修めた学問は朱子学、歴史学、地理学、文学と多岐にわたる。

※④ 木下順庵◆江戸時代前期の儒学者（一六二一～一六九九）。

※⑤ 廣瀬淡窓◆江戸時代後期の儒学者、詩人（一七八二～一八五六）。

とくに教育者にこのことを希望する

最後にもう一つ言いたいことは、教育者を任ずる者の中でも今なお富と仁義とは並行することができないものであるという考えを持ち、この考えを子弟に言いふらす者がないとは言えないことである。これは主として中国学※⑥に原因があるが、西洋の学問にもこの偏りのあるものがあり、私はこのことを思想界の大間違いだと思っている。

富と仁義道徳とは並び行なわれるべき性質のものであることは、私の平生の持論であり、本書の中でもすでにしばしば説いてきたので重複を避けるが、教育の仕事に就いている者はこのくらいの認識は正しく持ち、旧来の間違った考えを捨て去ってもらいたいものである。私は、現在の教育が西洋の方法に則って大いに進歩したことが、昔の有様より優れているることを喜んでいるが、ただ一つ、この誤った考えに対しては満足することができない。教育者もこの点に力を注いで、学生の教育に当たってくれることを切に望むのである。

【註】※⑥　中国学◆中国の歴史や文化など事物全般についての学問の総称。

第二章　自分を磨く

人格の修養

人格は人により異なる

人格がどうであるかは人間にとって最も大切なことであり、人それぞれに人格が完成されているのは、やがてそれが社会の完成を意味することになるから、人として社会に立つには、その完成のために努力するのは当然の責任と言ってよいだろう。誰でも簡単に人格の修養ということを口にするが、具体的にその方法を示すのは非常に難しいことである。

けれども、これを順序立てて言えば、論語に「君子は本《もと》を務む、本立って道生ず。孝弟《こうてい》は其れ仁を為すの本か」とあり、まずこのへんを土台として考えなければならない。すなわち仁を行なう根源は孝弟、つまり両親に孝行し年長者を大切にすることにある。この根源である孝弟の道を行なえば、しだいに仁にも近づき、根本ができてそこに道が生じてくるというのであるから、その根本に務めるのがよい。根本ができて道が生ずれば、人格の修養はここで完成されるはずだと思われる。

一概に人格と言っても、人にはみなそれぞれ差がある。たとえば青年の人格、中年の人格、老人の人格、婦人の人格、男子の人格というふうに、同じ人格という言葉の中にもいくつもの違いがある。西洋人などを外見から評すると、老人でも青年と同じように投球もすればフットボールもやるというふうで、運動といい、日常の動作といい、青年と老年の区別がさほどないように見えるけれども、気持ちには相当な違いがあるだろう。

自分の身の上から考えてみても、現在でも青年時代とさして変わらない気ではいるが、それでも人格では非常に違いがある。一度志を立てて成し遂げようと決心した以上は、たとえ百人千人が妨げようとしても、それに引けを取らないという意気込みは、要するに青年時代の人格がそうさせるのである。ところが老人となると、周囲の事情や自身の境遇などに抑えられて、それほど思い込みを強くしてやり抜けないことがあり、何ごとも慎重に沈着に行なうようになるものだ。これは、やがて老人となる人格がそうさせるのである。

このように青年には青年相当の人格があり、老人には老人の人格があるのだが、もし人格の重視すべき意味を取り違えて、青年でありながら老人のような態度をとる者があるとすれば、それは非常に感心できない青年と言わなければならない。また老人でも、年を考えずにみやみに向こう見ずなことをしたり、反対に自分は壮年時代に国家社会に尽くすべきことをしたので、老後の現在はもはや世捨て人と同様にしているというような考えを持つ者がいるとすれば、それもやはり老人の人格をまっとうしたと言うことはできないと思う。

人相応に理解力もあり、記憶力もあり、言葉遣《づか》いといい、思慮といい、十分に社会人として生きていくのに差し支えないのであれば、たとえ老人といってもこの世の中を空しく生きていきことは、人としての本分に背くものである。であれば、言葉遣いであれ行動であれ、老後と言っても国家社会のために尽くそうという心がけを持つことが、老人としての人格の完成だろうと思う。

とにかく人格と一口に言っても、以上のようにいくつもの差があるので、その修養の方法を説こうとするには、いちいちそれ相応の説を立てるのが本来のやり方だが、そういうことを研究する人はほかにいると思うので、私はここではただ一般的な人格の修養について注意点を述べることに留めておく。

人格修養の工夫

さて、人に賢さや愚かさがあることは別問題として、心の置き方や身の処し方については少年、青年、中年、老人によって、それぞれ差があるだろう。また、それぞれ時々刻々とそれらが変わっていくのである。たとえば学生時代と、それから一転して官吏になったり商売人になったりした時とは、すでに違った心身の処し方がある。その時代によって異なり、居場所によって異なってくるから、ある意味で人間の心身は、一時も静止状態にあることはないとも言えるようである。

このように変転する心身に対して、人格はどのように修養されるべきなのか。少し困難なように思われる。ところが孔子は「中庸」で「君子は時に中す」と説き、君子の行なうことはその時々、事ごとに節度にかなっているものだという意味のことを述べている。同じ「中庸」の中に、君子は己の地位によって行なうべきことを行ない、その立場や境遇に影響されずに自得するものだという意味のことが述べられている。

すべて人は事を行ない物に接するにあたって、喜怒哀楽愛悪欲《きどあいらくあいあくよく》の七情が動くものだが、それも時には怒に過ぎたり、時には愛に溺れたり、時には欲を深く持ったりしていたのでは七情の動きが均衡を保ちにくい。前述した中庸の教えにかなったことを行なえる人、七情の動き方に平静を保っていられる人は、すなわち立派な人格を備えた人であると言うことができるだろう。

であれば、人格を修養するには、それらの点を深く考え、一時も怠らないようにすることが大切である。とかく人は物事に接した際に活動力が出るものだが、そこで七情の動き方が均衡を保って活動力が適宜《てきぎ》に発揮されるならば、それは明らかに人格の完成である。どんなに利益のある話で誘われても動かず、道理に従って勇ましく突き進んで威光や武力に屈することなく、富貴にも心を動かされないほどの人になって、初めて立派な人格が養われたと言うことができるのである。

座禅を組むような必要はない

さて、人格の修養などと言うと、何か新しいことのようで大仰に聞こえるが、冷静に考えてみれば、さほどのことではない。人格は日常の立ち居振る舞いにおいて、影のように付き従っているものだから、それを修養すると言っても、静座や黙視をして禅学家が座禅を組むような方法をとるのは、おそらく間違いだろうと思う。日常、そのことを心に留め、修養の心がけを怠らないようにしていれば、その時々に事ごとに、自然に修養ができていくものである。

ただし、「万物静に観れば皆自得《じとく》」という古い諺もあるから、常に活動的な生涯を送っている人は、時に静座して本来の自分に帰り、沈思黙想することも必要かもしれない。だから私は、ある場合において静座黙想が必要であるとは考えるが、人格の修養をするからといって、ことさら座禅のようなことをする必要はないと思う。そんなことをするよりも、日常を生きていく中で守るべき道理に対して、どこまでもそれを踏み誤らないように心がければ、それが最も手軽で穏やかな人格の修養法となる。

すでに述べたように、官職に就いている人、民間人、政治家、軍人、学者、実業家、老若男女など、おのおのその性質や条件が異なっている。したがって、その修養法も人に応じて、時によって、それぞれ工夫をしなければならないから、みながそろって同じような方法をとることはほとんど考えられないだろう。

朝夕の心がけ一つである

ともすれば、今の人は人格の修養などは相当な時間を作って、特別に取り組まなければならないと思っている者もいるようだが、それはとんでもない間違いである。いわゆる「富貴に素しては富貴を行ひ、貧賤に素しては貧賤を行ふ」というように、その場合に応じて相当な修養はできるものである。もし時間がなくてできないのであれば、人間関係の広い人や激務に追われている人は終生、人格の修養をすることができないことになるわけだが、事実は決してそんなものではない。その証拠に、多忙な人でも高い人格を備えた人はいくらでもいるではないか。

それについては適切な一例があるが、風流韻事《いんじ》、つまり詩歌を作るような風雅なことでもやはりそうである。元禄の昔、大高源吾が大石良雄に俳諧の稽古を勧められた。ところが大高は忠義一筋の気が短い武士だったから、大石の勧めでも簡単には応じなかった。しかし大石は源吾の頑固一徹なところを少し和らげてやりたいという気持ちがあったから、しきりに勧めて俳句を作らせた。

「鶯《うぐいす》を聞く耳を別にして武士哉」とは源吾の最初の発句であった。大石はこの句を評して「いかにも志は面白いが、風流と平生を別物にしてしまったのがいけない。風流と忠義とは並行することができるものである」と諭し、「武士の鶯聞いて立ちにけり」と修正して、それが初めて俳句となった。

以来、源吾は大いに感じることがあったようで、「飛び込んで手にも止らぬ霞かな」などという優れた俳句を遺す俳人として名人の仲間入りをした。同時に武士としても忠誠をまっとうして、後世の模範となったことは世の人々が知るとおりである。人格の修養もやはりそれと同じことで、一方で日常の仕事を持ちながらも、一方で修養することはどのようにもできるものである。

一つ注意しておきたいことは、人格修養の標準にすべき書物についてである。私はそれに関する唯一の経典として「論語」を勧める。論語は老若男女、貴賤富貴にかかわらず誰にでも適切に教えられているから、人格の修養の資料としては、おそらくそれ以上のものはないだろうと信じる。しばしば言うことだが、私の過去の生涯すべては論語によって教育されてきた。論語は人格修養に役立つだけでなく、人の行ないについての完全な標準であるから、この書によって人格の修養を行なうとともに、人間として踏むべき道のすべてを知ってもらいたい。

精神修養と陽明学

学者の罪

私には奥深い学問の素養があるわけではないので、もちろん倫理学の学派や学説をあれこれと批評するほどの力もないし、深く西洋の学問に造詣が深いわけでもないから、広く世界にその手本を求めてとやかく論じることはできない。しかし、青年の頃から好んで中国の古い聖人賢者の書物を読み、とくに孔子の教えを尊び論語を指導者としてきた。日常生活で何か解決しにくい問題でもあれば、論語を参考にしてすべての判断をしてきた。

口癖のようにどんなことにも引き合いに出して言うことだが、私が道徳を学ぶうえで論語を典型的な書物としているのは、とにかく論語の二十篇は人道の要旨を網羅《もうら》した金科玉条であり、世に処して身を修め事を成し遂げるための方法がすべてその中に尽くされているからである。孔子の教えはどこまでも実行を重んじたもので、老子や荘子など他の学派の人々が説くような、高尚かつ遠大で実情からかけ離れたようなところがない。

誰にでも理解でき、誰にでもすぐに行なえる、本当に実践的な教えである。ところが後世の学者は孔子を神か仏のように考えて、その教えに対してさまざまに難しい説を付け加えて、注釈に注釈を重ねてついに難解なものであるかのようにしてしまった。もし彼らが孔子の説いたままの教えを世の中に活かそうとしたなら、むしろその効果は注釈を付け加えた教えよりも効果が多かっただろうに、学者がその間に介在していて苦心に苦心を重ねた結果、かえって面倒なものにしてしまったのである。

聖人はまったく人間界の存在ではなく。仙人か仏、菩薩のようなものであるという考えを世の人々に抱かせて、普通の人にはとても及ばない別物のように仕立て上げてしまったのは、じつにいらぬお世話と言わなければならない。その結果、儒学は学問の実行ということからかけ離れてきたのだが、朱子学のようなものはとくのこの弊害に陥っている。

知行一致《ちぎょういっち》説

朱子のあとに現われた王陽明は、「知行合一説」において学問と実行とが分離していることの弊害を矯正しようと試みたのだから、私はその説はなかなか面白いものだと思う。だから私は精神修養の資料として陽明学を推薦しておきたい。

宋朝の学者には朱子を初め張横渠《おうきょ》※①、程伊川、程明道などの人々が「虚霊不昧《きょれいふまい》」とか「寂《じゃく》然不動《ねんふどう》」などと説いた者がいて、そのために学問はかえって高尚で奥深い味わいのあるものとなってしまい、世の中の実際とは非常に遠ざかってしまった。したがって、その学問を尊重する人々は、部屋に静座しながら香でも焚いて読書三昧《ざんまい》に入らなければ、真の学問をする者とは言えないような傾向になっていった。

しかし私が考えるところでは、何もそれほどまでにしなければならないものではないと思う。たとえば日常のことでも、考えようによってはすべてが学問ではないだろうか。一つの仕事を行なうのも、来客に接して談話するのも、何から何まで見れば一種の学問であると自分は解釈する。なぜならば、来客に対して談話をする時でも、自分が忠実に物事を話すのに、相手がその説に同意しなければ、また忠実に反対の説を述べるというふうに、互いに真面目さを重んじて交わるならば、いわゆる「朋友《ほうゆう》に交わるに信を以てす」という言葉にたとえられるから、これはじつに生きた学問と言っても言いすぎではない。

何ごとに対してもこのように観察すれば、世の中の森羅万象はどれも学問にならないものはなく、ひいては学問すなわち事業、事業すなわち学問ということになり、事業を離れて学問を学ぶこともできなければ、学問を離れて事業を行なうこともできないことになる。王陽明の「知行合一《ちこうごういつ》説」はこの点で最も価値のあるもので、学問と実際とを近づけたところは、朱子学一派の学者たちの顔色を失わせている。精神修養の補助として陽明学を勧める理由もここにある。

【註】※① 張横渠◆張載（ちょうさい 一〇二〇～一〇七七）中国北宋時代の儒学者。

良知良能論

ところが、陽明学に反対意見を抱く者は、王陽明が説く「良知良能説《りょうちりょうのう》」に反論して、「陽明学は良知良能を主として、あまりに直感的であるから、ともすれば知識を頼りにして経典を軽んじる傾向を生じるのではないか」と言った。これは、いかにももっともであるように聞こえるが、王陽明がどんなに「良知良能」を主張したからといって、人はすべて生まれたままの状態でよいとは説かないだろう。

人間の生命というものは、さまざまな境遇を経験したり、さまざまな事情に出会ったりすることによって、ますます光輝くものであるから、それに対して知能や経験が必要であることは言うまでもない。だから王陽明もきっと、それらのことを軽視するはずはないと思う。ただし境遇や事情のために、自分の良知良能に変化を与えられるようなことがあってはならないので、それはどこまでも良知良能として賢明さを失わないようにしておくことが大切である。

自分はもちろん学者ではないから、陽明学を説明するためにその系統を明確に示して秩序立てて説くことはできない。だから、これだけでは読者は理解しにくいかもしれないが、とにかく私は以上の理由で陽明学を好むのである。世に私と同じ意見の人がいるならば、できれば専門家の研究による陽明学について考察を深めていただきたい。

常識の修養法

現代に必要な常識

常識的な感覚が人間の性格や素養に不可欠な要素であり、また処世上どの程度まで必要であるかについては、今さら説明するまでもないことである。現在のように社会が発達して、何ごとも一定の秩序によって進む世の中では、とくに常識的感覚が発達した人が必要になってきた。

実際に仕事をするうえでも、その人に十分な学識があっても、ある面で常識的に欠けるところがあるとすれば、その学識もすべてが役に立つわけではない。せっかくの学問もさほど効果を発揮しないことになるように思われる。しかし常識のバランスが悪い人が、特殊な場合において時として大豪傑となり、非凡な人物となって目立って頭角を現すことがないわけでもない。

それらの人の人格を公平に判断すれば、たとえそれが豪傑であり、非凡な人間であったとしても、要するにそれは性格的には偏《かたよ》った人だと言わなければならない。だから、もしそういう人が時勢に適合し、世の中の成り行きに乗じて立つ時は、予想外の大事業を成し遂げないとも限らないが、さもなければ空しく失意のうちに生涯を送らなければならないから、そういう人はかえって国家でも郷里でも家庭でも厄介者になる恐れがあると思われる。すなわち自ら率先して国家をまとめ社会を操《あやつ》る地位を得るならば、自分の思うままに任せて事を行なうことができるから、常識的な感覚の欠如がかえって偉大な事業を生み出さないとも限らない。

しかし、もし周囲の秩序が整然として一糸の乱れも許さないようなところにいなければならないとすれば、その拘束に耐えかねて悶々として役に立たない生涯を送らなければならないだろう。それらの例は昔のいわゆる英雄豪傑にはたくさんある。

もっとも性格が偏っているからといって、必ずしも事業で成功できないとは断言できないから、私はそれらの人がいること嫌うわけではない。が、現在のような秩序のある社会においては、一般の人々が偏りのない性格で、すべてが一様に調和して、みな平等に発展することを望むので、むしろ常識的な人物が多く出ることを強く願っている。

常識とは何か

だいたい人として世の中の生きていくに際して、常識はどんな地位でも必要で、どんな場合にも欠いてはならないことである。であれば、常識とはどんなものなのか。私は次のように解釈する。すなわち事に当たって普通の人と極端に変わったことをしないで、頑固に陥ることなく、是非や善悪を見分け、利害得失を識別し、言葉遣いや動作すべてが中庸にかなっていることである。

これを科学的に学術的に解釈すれば、「智」「情」「意」の三つがおのおの均衡を保って同等に発達したものが完全な常識だろうと考える。さらに言い換えれば、普通一般の人情に通じ、よく通俗の道理を理解し、適宜な処置を取ることができる能力のことである。人間の心を解剖して「智」「情」「意」の三つに分解したものは心理学者が説くことだろうが、誰でもこの三つの調和を必要性は認めるだろう。「智恵」と「情愛」と「意志」の三つがあってこそ人間社会の活動もでき、物事に接してよく効能を発揮していけるものである。だから、常識の根本原則である「智」「情」「意」の三つについて少し述べてみたい。

「智」は人にとってどんな働きをするものだろうか。人として智恵が十分に進んでいなければ物事を識別する能力が不足するのだが、この物事の善悪や是非の識別ができない人や、利害得失の判断にかける人は、その人にどれほど学識があっても、良いことを良いと認めたり、利があることを利ありと見分けてそれを選ぶわけにいかないから、そういう人の学問は宝の持ち腐れに終わってしまう。それを思えば、いかに智恵が人生に大切であるかがわかるだろう。

ところが、宋の大儒学者である程朱[※①]のような者はこの智を非常に嫌った。それは智の弊害として、ともすれば術数に陥り、欺瞞や詐欺が生ずる場合があるということだった。また功利を主とすれば、智恵の働きが多くなり、仁義道徳の教えから遠ざかるという理由で智を疎外した。そのために、多方面に活かすべきせっかくの学問も死物となり、ただ自分の身さえ修めることができて悪事がなければよいということになってしまった。

これは大きく間違った考え、物の見方であり、仮に自分だけ悪いことをしていなければよいと言って、何もしない人ばかりになったらどんなものだろうか。そういう人は、社会に立って何も貢献することがない。それでは、人生の目的がどこにあるのかも知らずに苦しまなければならない。とはいえ、もちろん悪行があってはいけないが、人はすべて悪事に陥らずに、世の中で多くの務めを果たすようでなければ真の人間とは言えないのである。

もし、智の働きを拘束すれば、その結果はどうなるだろう。悪事を働かないことにはなるかもしれないが、人心がしだいに消極的になり、本当に良いことのためにも活動する者が少なくなってしまわなければよいが、と非常に心配に耐えないわけである。朱子はいわゆる「虚霊不昧《きょれいふまい》」※②とか「寂然不動《じゃくぜんふどう》」とかいった説を主張して仁義忠孝を説き、智は人を欺く方向に走るものとして嫌ったから、そのために孔子や孟子の教えが偏狭なものにされてしまい、儒教の大精神が世の人々に誤解されるようになった点が少なくないと思う。智はじつに人心にとって不可欠で大切な条件である。だから私は、決して智を軽視すべきではないものとしている。

【註】※①　程朱◆程頤（程伊川）と朱熹（朱子）。
※②　虚霊不昧◆心が空で私心がなく、鏡のように明らかに照らすこと。

情

智を尊ぶべきであることは、述べたとおりだが、しかし智ばかりで活動できるかというと決してそうではない。そこに「情」というものが巧みに調和しなければ、智の力を十分に発揮させることができないのである。

例を挙げれば、いたずらに智ばかりが勝っても、情愛の薄い人間はどんなものだろうか。自分の利益を計ろうとするためには、他人を蹴飛ばしても一向に気にしない。もともと智恵が十分に働く人は、何ごとに対しても一見してその原因や結果の筋道が明確にわかり、物事の見通しがつくのだが、このような人にもし情愛がなかったらたまったものではない。

その人が見通したすべてことを悪用し、自分本位にどこまでもやり通す。どんなに他人に迷惑や苦労がかかろうと、何とも思わないほど極端に走ることになる。

その不均衡を調和していくものがすなわち情愛である。情は一つの緩和剤で、何ごとも一味の調合によって平均を保ち、人生のことすべてが円満に解決できていけるものである。仮に人間界から情の分子を除去したらどんなものだろうか。何もかも極端に走り、ついにはどうすることもできない結果に行き当たらなければならない。

この理由で、「情」は不可欠な機能である。しかし、情の欠点はとかく感動しやすいものだから、悪くすると移ろいやすく流動的になる。人の喜怒哀楽愛悪欲の七情によって生じるものは変化の度合が強く、心の他の作用によってこれを制御できなければ、感情に走りすぎる弊害がある。ここで初めて「意志」というものが必要になるのである。

意志

動きやすい情を抑制するのは堅固な意志である。また意は精神作用の中の源である。堅固な意志があれば、人生において最も強みのある者となれる。けれども、いたずらに意志ばかりが強くても、これに他の情も智も伴わなければただの頑固者と言われる人間となり、理屈も通らないのに自信だけが強く、自分の主張が間違っていてもそれを矯正しようとはせず、どこまでも我を通すようになる。もちろん、こういう人もある意味では尊ぶべき点がないでもないが、それでは一般社会を生きていく資格に欠けている。いわば精神的に偏っていて、完全な人間とは言えない。

意志が堅固であるうえに聡明な智恵が加わり、これを調節する情愛があり、この三つが適度に調和したものを大きく発達させていったものが初めて常識となるのである。現代人は口癖のように意志を強く持てと言うが、意志ばかり強くてもやはり困りもので、俗に言う「猪武者《いのししむしゃ》」のようなものになっては、どんなに意志が強くても社会であまり有用な人間とは言えない。智と情とうまく均衡を保っていけるだけの意志が最も必要な意志である。

常識の大小

以上に述べたことにより、いかに智情意の三つが常識を養ううえで大切であるかがわかるだろう。しかし、常識にも大小がある。智情意の三つが十分な調和を保って円満に極度に発達したものが大きな常識で、そこまではいかなくても智情意が相応に発達したものが小さな常識である。大きな常識を養うことができた者は聖人の域に達し、たとえ小さくても常識を養った者は完全に近い人間として世に処していくことができる。

かつて井上哲次郎博士が孔子祭の席上演説で、孔子はいかにも常識が完全に発達した人で、智情意の三つが適度に発達されたものであるという意味を詳しく説明されたことがあるが、自分はこの説が非常に我が意を得たものとして今も記憶に新しい。要するに、常識に対しては智情意の三つが必須条件である。物事に触れてそれを識別し理解する知能と、人に対応する際の誠意のある愛情と、どんな障害に遭おうとも不屈の精神で貫き通す意志の三つが完全に整ってこそ、常識的な人物と言えるのだ。

だから現代社会に必要とされている常識を養おうとする者は、智情意の三つを留意し、それぞれが偏らないように、またそれぞれが均衡を保って進んでいくように心がけることが最も大切である。そうすれば人々の心がけ次第で大きな常識をも養うことができるだろうし、そこまで行かないまでも小さな常識は必ず修めることができ、役に立つ人間として社会に立つことができるだろう。

偉い人と完全な人

歴史的な記録などに見られる英雄豪傑には、智情意の三つが均衡を失った者が多いようである。意志が非常に強かったけれども知識が足りなかったとか、意思と智恵はそろっていたが、情愛に乏しかったとかいうような性格は、彼らの間にいくらでも見られる。このような者は、どんなに豪傑であっても英雄であっても、常識的な人とは言えない。

なるほど、ある面では非常に偉い点があり、非凡以上のものがあり、一般人ではとても及ばないところがあるには違いないが、偉い人と完全な人とは大いに違う。偉い人は持ち合わせている性格全体にたとえ欠陥があるとしても、その欠陥を補ってあまりある、他に超越した点を備えている人である。完全な状態に比べれば、ある意味では変態である。それに対して完全な人は、智情意の三つを円満に兼ね備えた者、すなわち常識的な人である。

私はもちろん偉い人が輩出することを望んでいるが、社会の大勢の人に対する希望としては、むしろ完全な人が世の中に隈《くま》なく行きわたることを願う。つまり、常識的な人が多く出ることを望むのである。偉い人の役割は無限とは言えないが、完全な人ならいくらでも世の中に必要である。社会のさまざまな設備が現在のように整頓し発達している状況では、常識に富んだ人がたくさんいて働けば、それで何の不足もないわけで、偉い人の必要性はある特殊な場合を除いては認めることができない。

平凡な常識から生じる結果は偉大である

だいたい人の青年期ほど考えが一定せず、奇抜なことを好んで突飛な行動に出ようとする時期はないだろう。それも年をとるにしたがい、しだいに着実な考えに変わっていくものだが、青年時代に多くの人の心は浮動している。

ところが常識というものは、その性質が極めて平凡なものだから、奇抜さや突飛さを好む青年時代に平凡な常識を修養しろというのは、彼らの考えとは相反するところがあるだろう。偉い人になれと言われれば、進んで賛成するが、完全な人になれと言われれば、彼らの多くは苦痛に感じるのが常である。

しかし、政治が理想的に行なわれるのも国民の常識に期待することになり、産業の進歩発展も実業家の常識に負うところが大きいとすれば、いやでも常識の修養に励まなければならないではないか。まして実際の社会に照らしてみると、政界でも実業界でも、奥深い学識というよりは、むしろ常識のある健全な人によって支配されているのを見れば、常識が偉大であることは言うまでもないことである。

意志の鍛錬

意志鍛錬の用意

気がかりなことがある場合や、望みがかなえられない場合などに、人はよく「忍耐して気を奮い起こさなければならない」などと言う。この忍耐という言葉は心にも、働きのうえにも、あるいは腕力などにも応用できるもので、事実、忍耐を心に置いてあらゆることに臨めば、多くの場合に間違いが起こることはない。この忍耐を心に置いて平素から十分にそれを発揮するのは、意志の強固な人であり、また意志を堅固に持てる理由であろう。

しかし、意志の鍛錬はそれだけで言い尽くせるものではなく、ある場合には新しい知識を吸収してしだいに向上を試みることも、たしかに鍛錬の方法であるに違いない。してみれば日常、身辺に寄り集まる出来事には一つとして鍛錬の材料にならないものはないが、要はそれを意味のあるものとして捉えるか、空しく見過ごすか、この二つのよって別れることになる。だから意志の鍛錬を考える人は、日々刻々、些細なことでも軽視することはできない。些細なことや小さな区切りなどにも意志の鍛錬によって善悪の差が生じるのである。

平素の心がけ

世の中のほとんどすべてのことは、思った通りにならないことが多い。ただ形に表れている物事だけでなく、心の中のことも時としてそういうことがある。たとえば一度こうと心の中で固く決心したことでも、何かふとしたことから急に変わったりする。人から勧められてその気になるというようなこともある。それが必ずしも悪い意味での誘惑でないまでも、心の変化から起こることであり、このようなことは意志が弱いと言わなければならない。

自ら決して動かないと覚悟していながら、人の言葉によってそれが変わるようなことは、もちろん意志の鍛錬ができていないのである。とかく平生の心がけが大切である。平生、心で「こうしろ」とか「こうしなければならない」とか、物事に対する心がけが的確に決まっているならば、どんなに他人が巧妙に言葉を操ったとしても、うかうかとそれに乗せられるようなことはないわけである。だから、誰でも問題が起きていないときに、その心がけを練っておいて、物事に対した時、物事に取りかかった時に、それを順序よく進ませることが、すなわち意志の鍛錬である。

ところが、ともすれば人は変わった状態になりやすいので、ふだんは「こうすべき」「こうあるべき」と堅く決心していても、急転して知らず知らずのうちに自分で本心を誘惑してしまう。平素心の中で思っていることとはまったく異なり、「そうすべき」「そうあるべきである」ことと違った結果になってしまうのは、ふだんの精神修養に欠けるところがあって、意志の鍛錬が足りないことから生じるのである。

このようなことは、ずいぶん修養を積んで鍛錬を重ねた人でも惑わされることがないとは言えない。まして社会的な経験が少ない青年時代などには、一層注意を怠ってはならない。もし平生、自分の主義主張としていたことを、物事に直面して変えざるをえないようなことがあるならば、再三にわたってよく熟慮するとよい。事をすぐに決めることなく、慎重な態度で深く考えるならば、自然に心眼が開くこともあって、ついに自分の本心に立ち返ることができる。この自省と熟考を怠ることは、意志の鍛錬にとって最大の敵であることを忘れてはならない。

私の体験談

以上は自分の意志を鍛錬するための理論であり、またそのように感じたことでもあるが、これを序論として、次に私の実地体験談を加えておきたい。私は明治六年に思うところがあり、それまで勤めていた大蔵省を辞め、それ以来、商工業に関する仕事を自分の天職として、もしどんな変転が起こっても政治的な世界には決して携わらないと決心した。

もともと政治と実業は互いに関連し、絡み合うものだから、自分が秀でた見識を持った非凡な人間であれば、政治と実業、二つの道の中間を巧妙に進めば非常に面白いはずである。しかし私のような凡人がそのようなことをすれば、あるいは道を踏み誤って失敗に終わることがないとも限らない。だから私は、初めから自分の力量が及ばないとして政治界を断念し、実業界に専念しようと身を投じようと覚悟したのだった。

当時、私がこの決心を断行するにあたり、自分の考えでやっていけることが多かったのはもちろんのことで、時には知り合いや友人からの助言、勧告もある程度は退け、断固として実業界に専念する方向で猛進しようと思った。ところが、最初の決心がそれほど雄々しいものだったにもかかわらず、実際に始めてみるとなかなか思惑通りにはいかないもので、以来、四十余年間、しばしば最初の志を動かされそうになっては危うく踏みとどまり、ようやく現在があるという状況である。今から回顧すれば、最初の決心した当時に想像したよりも、これまでの苦心と変化とがはるかに多かったと思われる。

もし私の意志が薄弱で、いくつもの変化や誘惑に出遭った場合、うかうかと一歩を踏み誤ったならば、現在あるいは取り返しのつかない結果に立ち至っていたかもしれない。たとえば過去四十年間に起こった小さな変動の中で、東に行くべきところを西に向かうようなことがあったならば、事件の大小は別として、最初の志はここで挫折したことになる。

仮に一つでも挫折することがあって方向が定まらないことになれば、もはや自分の決心は傷つけられたことになるので、それから先は五十歩百歩、もうどうなっても構わないという気になるのが人情だから、行く先知れずになってしまったかもしれない。大きな堤も蟻の穴から崩れるという喩えのように、そうなっては右に行くのも途中から引き返して左に行くようなことになり、ついには一生を台無しにして終わらなければならなかった。

ところが幸いなことに、私はそういう場合に対処するたびに熟慮し考察し、危うく心が動きかけたことがあっても、途中から引き返して本心に立ち戻ったので、四十余年間、まずは無事に過ごすことができた。思い起こしてみれば、意志の鍛錬が難しいことは今さらながら驚くほかないが、これまでの経験から得た教訓の価値も決して少なくはないと思う。

私が得た教訓を要約すれば、だいたい次にようなものである。すなわち一つの些細なことや前触れでさえも、それをいい加減にしてはいけない。自分の意志に反することなら、事の大小を考えるまでもなく、よくないと思ったことは絶対に撥《は》ねつけてしまわなければならない。最初は些細なことと侮《あなど》って行なったことが、ついにはそれが原因となって総崩れになるような結果を生み出すことがあるから、何ごとに対してもよく考えて取り組まなければならない。

常識に問え

だいたい物事に対して「このようにしろ」「こうするな」というように、正か邪か、真っ直ぐなのか曲がっているのかがはっきりとしている場合は、すぐに常識的な判断を下して対処できる。しかし、場合によってはそれができないことがある。たとえば道理を楯《たて》にして言葉巧みに勧められでもすると、思わず知らず、ふだん自分が主義主張をしていることと反対の方向に踏み入らざるとえないようになっていくものである。

無意識のうちに自分の本心が弱められてしまうからそうなるのだが、そのような状況に出遭っても、頭を冷静にしてどこまでも自分を忘れないように注意することが、意志を鍛錬するうえでの最大の務めである。もし、そういう場合に出遭ったら、先方の言葉に対し、常識に訴えて自問自答してみるとよい。その結果、先方の言葉に従えば一時的には利益を得ることができるが、ゆくゆく不利益になるとか、このように決めて処理すれば目先の利益はなくても将来のためになるとか、はっきりと意識できるものである。

目前の出来事に対してこのように自省できるならば、自分の本心に立ち返ることは容易であり、したがって正しいことについて邪なことを遠ざけることができる。私はこのような方法、手段がすなわち意志の鍛錬であると思うのである。

一口に意志の鍛錬とは言うものの、それにも善悪の二つがある。たとえば石川五右衛門のような者は、悪い意志の鍛錬を重ねたので、悪事にかけては非常に意志が強固な男であったと言っていい。けれども、意志の鍛錬が人生に必要だからと言って、何も悪い意志を鍛錬する必要はない。自分もそれについて説くわけではないが、心の常識的な判断を過った鍛錬をしていれば、石川五右衛門のような人間が出ないとも限らない。

だから、意志の鍛錬の目標は、まず常識に問いただして、その後に物事に取り組むことが大切である。こうして鍛錬した心によって事に臨み、人と接するならば、処世のうえで誤りはないと言ってよい。

習慣性を養え

このように論じてくれば、意志の鍛錬には常識が必要であるということになるが、常識の養成については別に詳しく説いているので、ここでは省略するとしても、やはりその根本は孝弟忠信の思想によらなければならない。忠と孝の両者によって組み立てられた意志によって何ごとも順序よく進めるようにし、また何ごとによらず沈思黙考して決断すれば、意志の鍛錬において批評されるようなことはないと信じる。

しかし、事件は沈思黙考の余地がある場合にのみ起こるものではない。唐突に湧き起こったり、そうでなくても人に接した場合などに、その場で何とかして応答しなければならないことがいくらでもある。そういう時にはあまり熟考している時間がないから、即座に要領を得た応答をしなければならないが、平素から鍛錬を怠っている者には、その場で適切な決定をすることができないものである。したがって、本心に背いた結果を見なければならないようなことになる。

だから何ごとも平素からよく鍛錬に鍛錬を重ねておかなくてはならない。常にそれを心がけて、集中して事に当たるならば、ついには意志の強固なことが習慣性になり、何ごとに対しても動じることがなくなるようになる。これが私の意志鍛錬の工夫である。

克己心の養成法

「己」とは何か

「己に克《か》って礼に復《かえ》るを仁と為す、一日己に克ち礼に復れば天下仁に帰す、仁を為す己に由りて人に由らんや」と論語にある。克己《こっき》はすなわち仁を実践する原動力で、また仁は自己が実践しようと思うよりも行ない得るものなので、決して他人の力によるものではないという意味を説き、明確に「克己」の二文字に解説を加えている。論語以外にも克己について説いたものはたくさんあるだろうが、私がこの意義を知ったのは、主として論語のこの一文によってであった。

さて、「克己心」とはなんだろうか。言うまでもなく「己に克つ心」という意味に違いないが、その「己」とはどのようなものだろうか。この解釈が明確に立てば、「克己心」の意味も釈然《しゃくぜん》としたものになるだろうから、私はまず、これについて考えてみたい。

「四書」の注として朱子が「己」の意味を説いたものがある。それによれば、己とは自他の区別、すなわち他人と自分ということではなく、他の一切の物と自分と捉える中での己である。もともと人の性質には本来の性質と気質の性質があるもので、本来の性質は人に対してすべて善意に解釈するほうで、気質の性質は人をすべて悪意として見るほうであると述べている。朱子のこの説は、張子による気には清濁の二つがあるとして、本来の性質と気質の性質の論を受けて発展させたのである。

だいたい凡人は常日頃、物事が平和で静かであるように務めるものだが、そこに何か異なった事件が起こる時は、七情が波のように動き出す。これはすなわち本来の性質を失ったものと言ってよいだろう。

「己」とはちょうどこの場合の自己を指して言ったもので、利他とか利己とか言う時の「己」ではない。もし「己」がそういう意味のものではなく、他者との関係の中で自分を指した場合の「己」であるなら、「己」は君子にもあり聖人にもあるはずである。だから

「己」とは朱子の言う、いわゆる物我の己であり、自他の己ではないと解釈するのがよいだろう。

克己と意志の力

「己」とは他の物と自分ということであれば、克己心とはすなわち物我の己に克つ心である。物我《ぶつが》の己を制して常に本来の性質に立ち返らせるのである。そうしてみると、克己に最も必要なのは強固な意志の力であり、この力を利用すれば常に克己できるわけである。

しかし、ここで注意しなければならないのは、人の性質として多くの場合、非があることを知ってそれを改めるものではあるが、ある場合には意志が強すぎるために非行も過ちもそのままにして押し通すことがある。たとえばこれは非行である、過ちであると知っても、意地を張り通して理を非で通し、過ちを知りながらやり抜くようなことだが、どんなに意志の力が必要であるとはいえ、そういう意志はかえって害になるのである。非であるなら速やかに善に改め、過ちであると認めたなら即座に正して本来の性質に引き戻す意志の力であってこそ、初めて克己心にとって大切なものにあるのである。

一言で言えば克己心もそうまで難しくないように思えるが、人はともすれば朱子の言ういわゆる気質の性質に負かされやすいもので、自分勝手とか手前味噌、自分免許つまり独りよがり、自惚《うぬぼれ》高慢、自負我儘《わがまま》などといろいろな悪癖が妨害してくる。だから行きがかり上、己の非を知りながら、弱い意志のもとに自分の振る舞いがよくなかったと明確に善悪の判断を下すことは難しいものである。

孔子が克己の究極は仁に帰するものであると説いたのは、克己が簡単には実現しにくいことを知るのに十分で、それがいかにはるか遠くのものであり、気高いものであるかがわかるだろう。かの福地桜痴氏が、孔子はこの問答において大乗仏教を説いたと言い切ったのは、やや言い過ぎた嫌いはあるが、論語に表われた仁の一字の解釈が非常に高尚であるからこそ、このような説も自然に出てきたものだと思う。とにかく、克己に対する力は、双方ともに離れることができない関係を持つものである。

克己の必要

克己はこのように行ないにくいものであるにもかかわらず、日常誰にでもありえることで、また必要なことである。早い話が、日常の出来事でも、酒を飲まない習慣を養いたいとか、禁煙したいとか、寝坊を直したいとか、その他いろいろな性癖を矯正するには克己の力に頼らなければならない。だから克己は誰でも平素から心がけなければならないこと、守らなければならないことになっている。

孔子が「己に克って礼に復《かえ》るを仁と為す」と言われている言葉に対して、おそらく誰も異論をはさむ者はいないだろう。ただし、ここで礼というのは、いわゆる「礼儀作法」というように狭い意味のものではない。「礼記《らいき》」※①によれば、心から出ることかどうかは別として、外形に表われるものはみな、この礼に含まれている。だから心の良くない発動を抑え、過ちに克ち、礼儀に基づいて振る舞いを完全にするならば、天下は期せずして仁に帰するに違いない。ここで初めて克己心が完成したことになり、それが必要な理由も具体的になるのである。

【註】※① 礼記（らいき）◆中国の周から漢の時代にかけて記された多くの礼に関する解説、理論を、前漢時代の戴聖（たいせい）が編纂したもの。五経の一つであり四九編で構成される。

克己心の養成法

克己心はどのようにして養えばよいのか。言うまでもなく、これは日常の注意による以外に方法はない。すなわち平素、悪いことは必ず改め、良いことは必ず行なう心がけが必要である。人の七情は、物に応じ人に接して時々に働くものである。喜ばしいとか、腹が立つとか、悲しいとか、楽しいとか、それらの心の動きはすべて七情の動きであると個人は説いているが、私はこの七情の動き方がいちいち道理にかない、節度を持つようになることが、克己心が修養されたものであると思う。

しかし、これがなかなか難しいことで、口でそうは言っても、実際の場面では容易にできるものではない。したがって、これを行なうには、常に何か心の標準になるものがなければならない。たとえば聖書とか、仏典とか、あるいは儒教などを参考にして、キリスト教によって自身の心の基準とするとか、釈迦の説を自分の手本にするとか、あるいは孔子や孟子の教えによって行ないの標準を定めるというふうにすることが必要である。

このようにすればすぐに、他人の物を欲しがるのはよくない、自分に疑いのある者を愛するのはよくないなど、一切のことに対して間違いのない批評を下すことができる。したがって、その批評に基づいて七情を働かせるならば、ここで間違いのない行動がとれるようになるだろう。このようにして人々がみな節度を得るならば、おのずと社会も発達し、国家も進歩する気運に向かうことは疑いのない必然の結果になるだろう。

私の経験

さらに要約すれば、克己心を養成するにあたってその根本となるのは、七情が節度を持つということになる。七情が節度を持てば、善悪や正邪の別はおのずとはっきりする。その七情が節度を得るための工夫としては、常に自らが守る規範がなければならない。だから、キリスト教や仏教ないし儒教が世の中に広まっているわけだが、私の場合は何ごとも論語によって判断するのである。

すなわち、怒るとき、楽しい時、人と交わる時、飽きてしまった時など、心に邪念が生じた時に、いつでもすぐに心の標準になる論語の教えを思い、それらに適応する章句を考えて心を定め、実行し、あるいはその教えをしっかりと守る。この方法は非常に威力のあるもので、私がこんにちあるのは、たしかに論語の教育によるところが多いのである。

論語の教えには一つひとつ節度があるということは、今さら私がここで述べるまでもないことで、誰でも論語の各章を読めば必ず思い当たることがあるだろうと思う。だから自分は論語を心の標準にしてきたわけだが、私は誰にでも論語を標準として定めよと勧めているのではない。ある人はバイブルを好むだろうし、またある人は仏典を信じるだろう。それら標準とするものについての傾向などについては述べないが、ただ心の標準となるべきものを定め、それによって行ないを決定することが、克己心を養ううえで大きな効果があるということだけは断言できる。

要するに人が世に処するにあたって、物事に応じて必ず七情が動くものだが、それが節度を持つように心がけるとよい。ともすれば、人の心には自分の意見が強すぎて、節度を持つべきことがそうでなくなることがあるが、節度を持つようにすることが克己心だから、細やかな心の作用を誤らせないようにしたいものである。

「人心それ危うく、道それ微《かすか》なり」と書経にも記されているように、今や道徳観念は日に日に退廃し、世の中、人心はみな私利私欲になびいて従おうとする傾向が見える。そのような病を救う薬として、克己心の力に頼る以外に方法はないと思うので、世の中で志のある人は、国家発展の気運、社会の発達のために、克己心の養成に力を注いで欲しいものである。

勇気の養い方

儒学が教える勇

ここで私が勇気を奮い立たす方法を説くにあたって、まず勇気とは何かを研究し、徐々に必要論やそれを発揮する方法について説いていこうと思う。

勇気とは果たしてどのようなものだろうか。「中庸」に「学を好むは知に近し、力《つと》め行うは仁に近し、恥を知るは勇に近し、斯の三者を知れば即ち以て身を修むる所を知る。以て身を修る所を知れば即ち以て人を治むる所を知る。以て人を治むる所を知れば即ち以て天下国家を治むる所を知る」とある。「勇」もその理を押し広めていけば「知」「仁」とともに天下国家を治める素因になると説いているが、こう見れば「勇」の範囲もなかなか広大なものとなっている。

また「論語」には、「義を見て為さざるは勇無きなり」とか、「仁者は憂へず、知者は惑わず、勇者は懼《おそ》れず」と言って、これを君子が行なう三つの徳としてあり、さらに「仁者は必ず勇あり」とも述べて、「勇」はほぼ「仁」と同様に価値があるものとしている。あるいは「由や勇を好む我に過ぎたり」と勇気がありすぎることを子路が戒めた言葉があるところから察すると、勇気があり余ってはいけないという点が仁などとは大いに趣を異にしていることがわかる。

また、同じ「論語」の中で孔子が「吾未だ剛者を見ず」と言われた時に、ある人がそれに答えて申棖という男は剛者であろうと言った。ところが孔子は「棖や慾なり、焉《いずく》んぞ剛を得ん」と、欲念のある者がどうして剛者であるのかと述べており、勇はこういう場合には、また違った意味とみることができる。このように勇気の解釈は多様であり、どこまでを勇と言うのか、その違いを述べることはなかなか難しい。

そこで以上に述べたことを考え合わせると、正しいかどうかにかかわらず自分が思ったことをどこまでもやり通すことが勇であるのか、あるいは意見を述べる時でも物事に対した際にも、こうすれば道理にかなうということなら自分を奮い立たせて目的を達することが勇であるのかというと、最終的には後者であると言えそうである。

勇気とその弊害

ここまで言及すると、あるいは勇に対してやや言い過ぎた解釈になるかもしれない。ただ勇気というのであれば、非常に軽い「いさむ」という意味として解釈の正否はともかく、それが正しいと認めたことなら、たとえ途中で誤ったと気づいても断固として最後までやり抜くのが勇であるとしてもよさそうである。とにかく勇の真の意味と其の周辺の解釈とをはっきりと決めるのは非常に困難である。

孔子が勇を愛されたことは、論語の各章を通じてよく理解できることだが、仁義などとは少し違い、良いことと思えば迷わずに進んでそれを行なうことを勇と呼んだのだろう。すなわち正しいと認めたことに対しては、その成敗《せいばい》や得失を考えるひまなく、猛然と決行するのが勇である。だから、ある場合には自分の力では支えきれないこと、たとえば他人から攻撃されるような場合、まったく自分を忘れ、あらん限りの力で抵抗することなども、やはり勇の範囲だろう。

しかし自分の腕力によって理由もなく人と攻撃するとか、何ごとも喧嘩をしかけるようにするのは本当の勇気ではなく、いわゆる匹夫《ひっぷ》の勇、つまり道理をわきまえない者の蛮勇ということになるだろう。

とかく勇には弊害が伴うもので、悪くすると匹夫の勇になる。だから孔子も「暴虎《ぼうこ》憑《ひょう》河《が》、死して悔《くい》無き者は與《くみ》せざる也、必ずや事に臨んで懼《おそ》れ、謀を好で成さん者也」と子路の蛮勇を戒められている。その他、「勇にして礼無ければ即ち乱す」とか「勇を好んで学を好まずんば其の蔽《へい》や狂《きょう》」あるいは「君子勇有って義なくんば乱を為す」などと言って、勇には「礼」「学」「義」などが伴わなければ、その結果はいつも悪いものになると教えている。だから勇気には、常にそれを抑制するものが付き従っていることが大切であることを忘れてはならない。

孟子は勇気についていろいろと、さまざまに説を立てている。とりわけ孟子が「浩然《こうぜん》の気」を論じるにあたって、まず心の不動を説いているが、その中で勇を養うことについて説を立てているのは、勇について最も要を得た解釈だろうと思う。すなわち自分に顧みて正しくなければ一賤人の前でも差し控え、もし自分に顧みて正しければ王侯をも相手にしようというほどの意気は、まさに勇の究極に達するものだろう。

いたずらに「剣を按《あん》じて、彼何ぞ我に衝《あた》らんや」などと自信ありげに言うのは、言うまでもなく蛮勇にすぎない。孔子が勇を尊んだ理由も「自分に顧みて正しければ王侯をも相手にしよう」という態度と同様だろう。そういうことであるから、本当の勇気と蛮勇とを混同しないよう注意しなければならない。

勇気は処世のうえで必要である

さて勇気は、人が世の中に処していくうえで不可欠な要素である。どんなにその人に卓越した能力があったとしても、それを実際の問題に当てはめて働かせようとする時、勇気がそれを支えなければ多くの場合、成功しないものである。人が物事を知るということは、ただ知りさえすればそれでよいのだろうか。それを行動によって身につけなければ意味がないのだが、知って行動に表わす時、もし心で意識していることがまったく行なえないとすれば、それは勇気が足りないからであると言ってもよい。

だから世の中に立つ者は常に勇気が必要になり、とくに実業界に携わる者にとっては非常に必要性が高い。勇気が足りない者は、処世上の飢餓者に等しいものである。そして、この勇気が必要な場合について考えてみると、それには静的と動的の二つの場合があるだろう。たとえば事業を起こす場合に必要な勇気は、沈思し熟慮した結果からくるもので、すなわち静的な勇気だが、時にはそれと反対に、急な場合に勇気が必要なこともある。

「義を見て為さざるは勇無き也」という場合に応用される勇気のようなものは、たいてい突然の場合に決断しなければならない動的な勇気を必要とすることが多い。一例を挙げれば、子供が危うく列車に轢《ひ》かれるところを助けるという場合、単に可哀想に思う気持ちだけではできないことで、その場面に臨んで可哀想に思う気持ちに伴う勇気がなければ、そこに飛び込んで助けるまでの行為はできないのである。

こういう突然の場合に直面すれば、沈思黙考してそののちに勇気を出すようなことでは間に合わない。孔子のいわゆる「仁者は必ず勇あり」で、勇ある仁者でなければ成し遂げられないことである。とにかく人は、とくに男子と生まれた以上は、十分な勇気を持ちたいもので、その中でも壮年時代には一層勇気がみなぎることが望ましい。

ただし前にも述べた通り、勇気には時としてそれに伴う弊害があるから、とくに青年時代にはその弊害に陥らないよう注意しなければならない。青年時代に勇気がある者は、とかく客気に煽られて暴行をしたがるものである。が、勇を好んでその弊害や乱れにつながるようになるのでは、むしろ勇気はその人にとって害となるものだから、この点は深く慎まなければならない。

いかにして勇気を養うべきか

次に本項の主題である勇気の養い方について、少し深く研究してみたい。先天的に勇気を授けられている人もいるが、修養によってある程度まで得ることができ、その方法も形式的なものと、精神的なものの二つに分けられる。

仮に形式的と名づけたのは、主として肉体的な面から養うのである。その最もよい手段としては、柔道とか剣道などの修業方法が昔からあり、勇気を養い胆力を鍛えるには、これらによらなければならないほどのものである。元来、本当に勇気のある人の外形的な要件としては、身体があくまで強壮で、敏捷《びんしょう》でなければならないと思う。身体が柔弱な人では平生その勇気を維持するにも困難である。強壮な身体を持ったうえに、武芸の修業をしておくのが最上の策である。

また一つの方法として、下腹部に力を込めることを普段から心がけておくのも悪くない。なぜかというと、人は主に頭のほうに気を奪われていると、何ごとにも動きやすいものだが、反対に腹のほうに力を注いでじっくりと考えれば、心もゆったりと落ちついていられるから、勇気を養ううえでは少なからず効果がある。

古来の武術家の様子をみると、態度には軽躁なところ、つまり軽はずみなところや騒がしいところがないのに、挙動は非常に敏捷である。態度に軽躁《けいそう》なところがないのは、心を丹田《たんでん》※①に据えているからである。挙動が敏捷なのは、平素から備えに欠けるところがないからである。このような点からみても、下腹部に力を込めていることは、たしかに効果がある一つの手段だと思う。

とにかく、それらの修業を積むにしても第一の要素は身体の強健さにあるから、この基本から築いていくことが大切だろう。もともと柔道は、柔で受けて剛を制するところから柔道と名づけられたものだろうが、これもいかにして柔で受けるかということが、身体の弱い者にはできない。だから勇気を養おうとする人の外形的な要件としては、体力を強健にして、そののちに、しだいに柔道であれ剣道であれ稽古するようにすればよいだろう。

【註】※① 丹田◆臍下丹田（せいかたんでん）。へそ下の下腹部にあり、古来、気が宿るところとされる。

精神的な修養法

外形的に修業を積むと同時に、内面的、すなわち精神面からも修業を重ねていくことは、勇気を養う者にとっておろそかにできないことである。精神的な修養にはどのような方法がよいかというと、真の勇気を養うような書物を読むとか、あるいはそれに関する説話を聞くなどの方法がある。

しかし、書物も選び方を考えないと、かえって弊害になる。一般的には、本当の意味での武勇伝などを読むのがよいと思う。たとえば楠正成が湊川で敗戦すると知りつつも、進んで戦って潔く討ち死にしたとか、その子の正行が父の遺訓を守って南朝のために誠忠を尽くしたとか、または榊原康政《やすまさ》※②が五百の小兵によって長久手《ながくて》で秀吉の大軍を阻《はば》み、小さな軍勢でも整然として軍容で、秀吉の心胆を寒からしめたなどといった伝記、伝説はいずれも誠に心を養うための道具になるのである。

すべてこのような静かな勇気とか、義勇などに関する説話の書物なら何でもよいが、同じ武勇伝中にも蛮勇、暴勇に属するものがあるので、この前者と後者を混同しないように選び方に十分注意するように願いたい。

最後に一言付け加えておきたいのは、せっかく苦心して養った勇気でも、その使い方を誤って、ひどく道徳に背くようなことに発揮するようなことがあってはならないということである。世俗の諺に「小人玉を抱いて罪あり」とか「小児に利器を与えたようなものだ」などというようなことがあるが、一方で仁、義、智といった心の修養がこれに伴っていないと、玉や利器がかえって害を及ぼすことにならないとも限らない。であれば、勇気を養おうとする人は、平素からこの点に注意を怠らず、あくまでも勇気を有効に発揮してもらいたいものである。

【註】※② 榊原康政◆安土桃山時代から江戸時代前期の三河の武将（一五四八～一六〇六）。徳川氏の家臣で上野国館林藩の初代藩主。

健康維持の方法

健康と精神との関係

自分は普段から無病息災《むびょうそくさい》という体質でもないが、古来希《まれ》なりと言われる七十歳を超えても昔とあまり変わらずに仕事をしているので、健康については多少、意見がないわけでもない。もちろん自分は医師ではないから学術的な健康法について口をはさむことはできない。近頃流行りの複式呼吸がよいのか、サンドウ※①の鉄亜鈴《てつあれい》がよいのか、それとも冷水摩擦がよいのか、それらのことは自分にはほとんどわからないが、こういった学術的な方法以外に、精神面から考えた健康法があるように思われる。

人には気が備わっており、身体の状態は気すなわち精神の作用によってある程度まで左右されるものである。気が小さくていつもびくびくしている人が何か難問題に直面した場合など、夜眠れないとか食欲が減退したなどと言って、ほとんど半病人のようになることがあるが、これは身体が精神のために衰弱した好例である。

このように精神の力というのはじつに恐ろしいもので、「病は気から起こる」という諺には真理があると思う。人は常に精神さえしっかりと保っていれば、身体もそれにつれて自然に壮健になるようである。これまで自分もこの点に注意して、なるべき精神が衰えないように、またいつまでも気を若く持つように務めてきた。

【註】※① サンドウ◆ユージン・サンドー。少年時代から病弱だったが、鉄亜鈴による独自の体力養成法を考案して「ドイツの怪力男」と称された。ライオンとの戦いも話題となり、日本では「サンダウ式体力養成法」(明治三三年)が発行されている。

江村専斎の養生説について

かつて「先哲叢談《せんてつそうだん》」という本で、江村専斎《えむらせんさい》※②という長寿者のことを読んだことがある。この人は大坂落城の頃から徳川三代の時代まで生き、百五、六歳の長寿を保って末年まで気は確かだったと言われるが、ある時、人から養生のことを聞かれたのに答えて、「養生に三寡《さんか》あり、色を寡《すく》なくし、食を寡なくし、思慮を寡なくす」と述べている。

しかし私の考えでは、これだけの答えではまだ足りないように思う。なぜなら、だいたい人間に生まれて肉体的に、また精神的に、愉快と感じることを行なうのが健康に害があるとは言えないではないか。もっとも性欲でも飲食でも節度がなければ身体に害があることはもちろんで、各人の体質に応じてその度合を考えることが非常に大切である。性欲や食欲に限らず、度を超してよいことは何一つあるわけがない。

けれども三つ目の「思慮を寡なくす」ということについては大いに研究する価値がある。もし江村専斎のいわゆる思慮の二文字が、字面から考えてその通りのことを意味するのであれば、私はこの説にまったく反対である。人は高齢になってただぼんやりとしていれば、身体の保養になると思うかもしれないが、もしも老人になってから思慮分別をまったく捨ててしまうと、壮健になるどころか反対に虚弱になってしまう。

最近は大いに改善されたが、維新以前の社会にはいまだに相当に活動できる時間と健康を持っていながら、家督を子供に譲って楽隠居の身となり、悠々自適の毎日を送るという風潮が一般に行なわれていたものだった。そんな具合にしていれば、江村専斎のいわゆる思慮は少なかったに違いないが、そうであれば、それらの人々が健康を保って長寿だったかというと、事実はまったく反対で、そういう楽隠居の境遇にいた者にかえって早く死んだ人が多い。

社会に立って活動していた頃には身体も強健で元気も旺盛だった者が、その子に世代を譲ると同時にがっくりと弱ってしまったという実例は、こんにちでも田舎などにはたくさんある。思慮を少なくすることが健康法にかなったものでないことは、この例に照らしてもわかるだろう。

【註】※② 江村専斎（えむらせんさい）◆安土桃山時代から江戸時代初期にかけての儒医（一五六五～一六六四）。

健康の大敵

しかし江村専斎の思慮はそういう意味のものではなく、単に神経的なくだらない心配ごとや、いわゆる愚痴や老婆心《ろうばしん》のようなものを意味するとすれば、私は何も言うことはない。こういうくだらない心配は、健康を維持するうえで著しい障害となるものだから、できるだけ取り除かなければならない。

であれば、どのようにしてこれを取り除くべきかというと、学問的な見地からの精神修養の力に頼るよりほかはないだろう。もともと人の一生というのは、何ごとも不足がちなのが常であり、満足というものはむしろありえないものだと言ってよい。この道理を大きく考えて、不足や不自由を世の常と悟ってしまえば、別に苦にもならなければ、くだらない心配もする必要がない。こういうふうに精神の修養を積んでいきさえすれば、すべてのことはそれで決まりがつく。古人が言う「夫の天命を楽みて復何をか疑わん」という境地がすなわちそれで、こうなってしまえば一つも心を煩わされるものはなくなるのである。

だから、くだらない心配はしないほうがよいが、真面目な深慮分別ならたくさん心を配ったほうが、健康のためにはむしろ薬となる。前にも述べた通り、思慮分別を捨ててしまえば、かえって身体も精神も著しく衰えるから、何でも楽隠居的な考えを起こさず、死ぬまで活動をやめないという覚悟が大切である。

昔と違って今は老人もなかなか静かにしてはいられないような傾向があって、現に私のような者にもすでに四十歳になる息子がいるが、互いに別居して仕事も別にし、父子ともに負けず劣らず行なっている。自分だけではなく、こういうふうにやっている例は世間にいくらでもある。とにかく、いつまでも気を若く持って、引っ込み思案をしないということが、健康には何よりの良薬であるように思われる。

私の実地経験

すでに述べた通り、思慮分別を盛んに使ったほうがよいのだが、それにも程度があることは言うまでもない。いたずらに喜怒哀楽の情をすべて表わして、くだらないことにまでいちいち神経を痛めているようなことは本当の思慮分別ではなく、百害あって一利ない愚劣な行ないである。

とはいえ、人はもともと感情が働く動物だから、まったく七情を冷たい灰のようにして、いわゆる「枯木寒厳三冬《かれきかんげんさんとう》にも暖気《だんき》無し」というふうな状況に安んじているわけにもいかない。多少心を動かされるのは当然で、動かされないほうがむしろ不思議と言わなければならない。しかし、その動かされるのにも程度があることで、その程度しだいで、その人に修養が必要かどうかが分かれてくるのである。その程度をほどよくする工夫は、すなわち学問に頼らなければならないので、平生、学問によって精神を鍛錬しておくことの必要性はここにあると考える。

私の壮年時代は、元気がなかなか旺盛なものだった。忘れもしないが、三十一歳の時に大蔵省に奉職した頃は、三日三晩一睡もせずに仕事をし続けたこともあった。その時は井上侯の監督のもと、大蔵省の事務規則集を作っていたと記憶しているが、何しろ各局ともに何十条とある条文を三日間で規則集にまとめ上げなければならない。しかも性急な井上侯の命令だから、三日間のうち、もし半日でも遅れようものなら、それこそ目から火が出るほど小言を言われなければならないので、何でも期日内に仕上げてしまうという意気込みで仕事に着手した。

ところが、私とともに仕事に取りかかった連中は、二晩目には一人残らず兜を脱いでしまった。自分だけはとうとう押し通して三日三晩少しも眠らずに働き続けたが、その翌日になってもとくに疲労は感じなかった。今は寄る年波でとてもその時代の真似はできないが、一晩くらいの徹夜はまだ平気である。若い人たちが睡眠不足などと言うのが、かえって不思議に思われるくらいである。

私は医術を信じる

近年は私も時々病気になるところをみると、身体は確かに衰えてきたと思うが、それでも病気というものを一向に苦にしない。世俗にも言う通り、「命と病気は別物だ」という意気込みで、どんなことにも精神的に取り組んでいる。いわゆる気が勝っているのだが、それでも私は近頃、心霊万能論者が説くように、まったく医療を信じないような愚かなことは学ばない。

精神の力、すなわち気が健康を維持するうえで不可欠な要素であることはもちろんだが、病気の身体を健康体に戻すには、やはりこんにちのように進歩した医術に頼らなければならないと思っている。だから病気の時は、医師に対しては非常に従順で、医師の言葉通りにしているつもりである。

このように医療を信じるというのも、健康を維持するうえでは不可欠なことで、極端に心霊万能を主張して、進歩している医術を価値のないもののように捨て去る人々の様子は、やや常識はずれではないかと思う。健康維持の方法として、平素は精神の支えが必要であるとともに、病気の時には医療が必要であることも忘れてはならない。

読書法

古人の尊い教え

古人も読書法については、すでに多くの貴重な教えを遺している。「古文真宝《こぶんしんぽう》」に「勧《かん》学文《がくぶん》」として、古人の学問奨励に関する詩文をたくさん載せている。いろいろと立派な教えの詩が多い。

すなわち、「書は官人の才を顕わし、書は君子の智を添う」「貧しき者は書に因って富み、富める者は書に因って貴し。愚かなる者は書を得て賢く、賢なる者は書に因って利あり」（ともに王荊公）、「学べば則ち庶人の子も公卿と為る、学ばざれば則ち公卿の子も庶人となる」（柳屯田）、「賢愚同一の二人の少年も、学ぶと学ばざるとに由って、一は龍となり、一は猪となり、一は公相となり、一は馬前の卒となる」（韓愈）というようなことを古人は例として説いている。

これらは、あまりに打算的な考えのようにも思えるが、抑揚が利いていてずいぶん面白い。

また王荊公は読書する場合の心得を「好書《こうしょ》は心記《しんき》に在り」と明確に言い切っている。なるほど、これはもっともなことで、読んで心に残らないような内容なら、膨大な数の書物を読破した者でも、一冊の書物の内容をよく記憶している者には及ばないわけである。だから読書の要点は「心記」にあるに違いない。読書家が常に心に留めておくべき言葉ではないか。

二通りの読書法

さて、読書の方法はどのようにすべきなのか。これについてはいろいろな工夫があるだろうが、私はまず読書家の人物しだいで区別しなければならないと思う。すなわち学者を志願している人が読書するのと、他の職業に従事して多忙極まりない人が空いた時間に読書するのとでは、大いに読書の性質が異なっている。もし、この両者が同じ方法で読書しようとすれば、一方は不満になり、一方は散漫になるだろう。また一方には専門家的でないおそれがあり、一方には煩雑すぎてほとんど目的に合わないという問題も生じる。

要するに学者としての読書法には、調査研究を主な目的として、綿密に、精通するように読むことも必要だろう。しかし一般的な読書では、一通り内容や事実などが理解できればよい。たとえば歴史関連の書物を読む場合でも、学者的な読書なら、その時代について一つひとつ詳細に知る必要があり、事実については何でも知っておくというような方法でなければならない。しかし一般の読書は趣味として読むとか、あるいは何か必要が生じて調べるといった程度のことである。

だから読書法も、専門家とそうでない者との両者によって、おのずとそれぞれに工夫を要するわけである。そこで読書家は、まず書物に向かう前に、あらかじめ自分の立場を考えて、それぞれの目的を満たすようにして読むことが大切である。

読書の時間

読書する時間についても考えなければならない。学者ならば書物を読むことはほとんど仕事だから、読書の時間はいくらでもあるだろうが、一般的な仕事に従事する者となると、なかなか読書の時間がとれない。古人も「暇あるを待って書を読めば必ず読書の時なし」と警告している通り、あるいは「折々に遊ぶいとまはある人の、いとまなしとて文読まぬかな」と古歌で言い切っている通り、普通にしていては容易に読書の時間を見出せるものではない。

私などは、読んでみたいと思う書物が常に机の上に山になっているけれども、読もうと思っても時間がない。だから、ちょっとでも時間があれば机に向かって読み、寝る間も読み、車の上でも読むことにしている。古人も「読書三上、馬上《ばじょう》、枕上《ちんじょう》、厠上《しじょう》」と言って、昔の勉強家は牛を追いながらも書物を角にかけ、薪につけて歩きながらも読んだという。とにかく、そういうふうにしても読むことができさえすればよい。

そして、この間にも「心記」が最も重要な点で、事物ごとに緻密に読み分けるのと、ほどよく知っておくのと、その読み方の違いも心得ていなければならない。だいたい、そういうことが読書法として考えられるだろう。

書物の選択

世の中で刊行されている書物の種類は数限りなくあり、それぞれ専門的なものもあるから、どんな書物を読むのがよいか、それをいちいちここで紹介することはできない。これは読む人の心によるものだろうと思う。読書の方法は前述のように二通りに区別することは当然だが、どんな書物でも、ただ書物であれば読めばよいというわけにもいかない。

読む書物がよくなければ、せっかくの読書も効果は薄い。また専門家が読むものでも、書物によってはいたずらに博識な内容ばかりであったり、無用の記述が多いものなどもある。だから「悉《ことごと》く書を信ずれば書なきに如《し》かず」と孟子も言われている。書物の選択は、読書の際に最も大切なことであり、また最も困難なことである。

私が学者ではないから、学者風の読書法については論じる資格がない。また書物の選択に関しても知識がないが、処世上に役立つ読書なら自分にも経験があるから、この選択について気づいたことを少し述べてみたい。

数ある書物の中には、必ずしも有益なものばかりだとは言えない。だから、それらの中から玉と石とを区別する鑑識が非常に必要である。目的が処世の上で必要な書物だとすれば、まず心がけるべきことは、世に処するにあたって模範的な人物になるように務めなければならないが、倫理や修身に関する優良な書物を選んで読むとよい。たとえば経書《けいしょ》のようなものはこの目的を満たすには完全なものだろうから、読書家はそこによく注意してもらいたい。そうすれば人としての道を知ることができる。

その次に知識を磨くほうの書物が必要になってくる。すなわち、地理や歴史や物理学や化学などの類である。また工学などでは電気とか蒸気とか、それぞれ違いがあるだろうが、それらの書物を読むにしても、ただ漠然と読んで散漫に終わらないようにしたい。十分に調べて書物を選択し、その後に効果的な読書をすることが必要である。その他、娯楽的な書物を読むことも必要で、文学書のようなものは、よいものであれば十分に娯楽になるとともに、人の品格を高めたり考えを俗化させないための助けにもなるから、これも処世の上で大いに役立つ書物となるだろう。

精読と多読

世間で読書法を論じる者は、ともすると精読がよいか、多読がよいかというようなことについて議論するが、これはその人の性質や仕事によって分かれることで、必ずしも精読と多読のいずれか一方に偏らなくてもよいのではないか。

専門家の多くは精読が必要だろうが、時としては多読しなければならない場合もあるだろう。たとえ多読であっても、「心記」すなわち十分に心に残ればよいはずだし、また中には数多くの書物を調べて、必要な部分だけを選んで精読しなければならない場合もあるから、多読と精読はそのいずれかに決めることはできない。とにかく読書家の性格や職業と照らし合わせて、その人ごとに適宜に決めるのが一番よい方法だろう。

私などは精読ができない状況にあるが、金科玉条となるような種類の書物に対しては精読している。私が愛読する書物は「古文真宝」であり、これには修身上のことも述べられていれば哲学的な内容も含まれており、また景色を表わした文章もあれば風流な文章も載せてあるから、常に好んで読んだものだが、今ではその後集などの内容もほとんど暗記しているほどである。

修身的な書物では「論語」「孟子」などは精読的に読んだほうで、学者にも負けないつもりで今も研究している。けれども、それら数冊の書物を除いてはまったく精読ができないので、やむをえず一通り知っておく程度の読み方をしている。終身の意味で読む場合は難しいと感じるのは当然だが、楽しみとして読めば知らず知らず佳境《かきょう》に入っていって、かなり読めるものである。楽しんで読むということも、読書法の一つであるに違いない。論語に「これを知るものはこれを好むものに若かず、これを好むものはこれを楽しむものに若かず」とあるのは、読書法に応用すべき大切な教えだろう。

激務処理法

その時々に精神を傾けて取り組む

ふだん私は人に接し物事に触れるたびに、精神を集中してその人と語り、そのことに対処するように心がけてきた。たとえば、どんな人物に接する場合でも、相手の身分などに関係なく精神を集中して談話し、また物事に対する場合でも、それがいかに大きかろうが小さかろうが、みな同様に心を込めて処理するのである。

もっとも、これは自分一人が実地に経験してよいと認めたことであり、人によりそれぞれのやり方もあるので、私のやり方が誰にでも通じるかどうかはわからず、必ずしも私と同様の結果が得られるとも言えない。けれども、大多数の人にとっては、だいたい私と同様な成果があげられるはずだと信じている。

どうしてかと言えば、人と接し物事を処理したあと、自ら顧みて心の中で一点もやましいところがなく、精神的にも愉快な感じが残るほどであったなら、それはどこから見ても悪いとは言えないからである。私が人に接したあとに快感を覚えることであれば、他の人も私と同様の印象を覚えるに違いないから、私が経験してよいと感じたことは他の人にも必ずよいと感じられると思うのである。

だいたいどんなことでも、前のことを脳裏に浮かべながら次のことに取り組んでいくのは、ちょうど人から話を聞きながら目では書物を読んでいるのと似たようなもので、方法としてはいかにも一挙両得だが、実質的には決して何も得ることがないものである。非凡な人物で、頭が二通りにも三通りにも働くような人には、あるいはできるかもしれないが、世の中の大勢の人と同様、自分もやはりそういう便利なことはできない。

とはいえ、それにも程度があることで、ちょっとしたことなら人と話しながら仕事をすることもできる。たとえば「誰々さんがただ今参りました」とか「何々を食べに行きます」というくらいの受け答えなら、仕事中でも難しくはないだろう。しかし、複雑な話を聞きながら難解な書物を読むというようなことは、自分にはとてもできない。前のことを考えながら、あとのことを聞いたり行なったりすれば、どうしても全身の精神をそこに注がなければならなくなるから、話にも仕事にも支障が出てくるのは当然である。

それだけでなく、人に接しながら書物を読んだり、ほかのことを考えるようなことは、その人に対して失礼であり、相手の気持ちとしても非常に不愉快なものである。だから、人に接し、物事に対する場合は、必ず精神を傾けてほかに何も考えることなく、一心にそのことに当たるのが最もよい方法だろうと考え、そのように実行しているのである。

利害相補う

以上の理由から、自分は長い間そういう気持ちで人にも接し物事をも処理している。であれば、私がそうする根本的精神はどんなものであるかというと、自分はただ道義心に照らして、それが人として守るべき本分であるという自覚から、その人物の身分が高いか低いかを問わず、事の大小にかかわらず、自分と対面している人や物事に対しては、満身の誠意をもって接するわけである。

私がこの考え方を持って以来、ずいぶん長い年月がたっているから、自分ではもはや一つの主義のようになっているつもりだが、自分だけがそのように合点していただけでは効果がない。もしそれが多少でも世の人に認められ、「渋沢はこれこれの主義である」と言われるようになれば、私としてこれほど光栄なことはない。

しかし困ったことには、自分は人と話す時、とかく相手に理解してもらおうと説得しがちだから、思わず余分な時間を使っているかもしれない。だから八時、九時、十時とそれぞれ面会を約束した人がいるとすれば、順繰りに遅れて九時の人は九時半になり、十時の人は十一時にずれるというふうになっていく。

これは自分の悪い癖で非常によくないと思っているのだが、それも結局一長一短で、長く待たせたことで人に小言を言われても、実際に会えばそこに精神を集中させるので取り返しのつくことだと思う。ほかの人が余計なことを考えながら話すのに比べれば、一心に相手のことだけを考えているのだから、相手に対しても埋め合わせができるのではないだろうか。

私の実地体験

私も若い時代には負けん気が強くいろいろとやってきたので、二つの仕事を一度にやり遂げる習慣を作りたいと考えたのだった。ところが、それほど甘いものではない。一つの頭で二つのことを同時に完全に行なうというのは、常人の力ではできないことである。これについて、私の失敗談を一つお話ししよう。

青年時代、私は読書しながら人の用向きを聞くとか、手紙を書きながら他の用事を命じるなどというふうに、さまざまに練習してみたのだが、ある時、故人の井上勝※①氏と会見して鉄道に関する予算案について評議した。その時、自分は、これとは別に大蔵省の規則集を急いで作らなければならず、例の方法によって井上氏と相談しながら、一方ではしきりに規則集の草案を読んでいた。

井上氏は私のこの態度に不快感を抱いたと見え、「いったい君の読んでいるものは何だ。鉄道に関する調査書でもあるのか」と突っ込んできた。ところが私は正直に「これは大蔵省の規則集です」と答えたので、井上氏は怒って「君はまったく人を馬鹿にしている。人と話しながら物を読むとは第一失礼ではないか。それはまあいいとしても、それでは私の言うことは君にはわからないだろう」と非常に不機嫌だった。

しかし私も非常に負けん気だったので「わからないことはありません。ちゃんとわかっています。お話しになった問題はこういうことでしょう。私は最近、目と耳は別々に働かせているのです」と言ったら、井上氏は当惑して「大変なことを言うね」と、しまいには笑って別れたことがあった。これは自分の負けん気で少しはやってみたものの、常にそんなことができるものではない。やはり、どんな仕事に対しても、精神を集中して行なうには限度があると悟ったので、その後は二度とそんな生意気なことはしないことにした。

【註】※① 井上勝◆鉄道技術者、行政官（一八四三～一九一〇）。長州藩を脱藩してイギリスに密航し、明治維新当時まで鉱山技術や鉄道技術を学ぶ。帰国後は日本の鉄道普及に尽くし「鉄道の父」と呼ばれた。鉄道の国有化を提唱していた。

心気を転換させる方法

以上に述べたことは、主として人に接し物事に対処する際の心持だが、今度は何か心配なことがあって気が休まらない場合について私の経験を述べよう。

何か気になることや心配事があって精神を休められない場合、私は常に心気を転換させる方法で精神を静めるようにする。当然、これも人によって方法は違うことで、長唄を歌うとか一中節《いっちゅうぶし》つまり浄瑠璃を語るなどして、すぐに気持ちの置きどころを転換させて、今まで考えていたこと、気にしていたことを、まったく別の方向に向けさせるとよい。

もっとも私はそんな風流なことを解するわけではないから、自分に出来る範囲で気分を変えるようにしている。たとえば庭園を散歩して、そこで十分か二十分ほど過ごすなどして、其の間にあちらこちらを回って気持ちをまったく庭園のことに注いで、この木の枝ぶりが悪くなったから切らせようとか、花壇の花にこんなものが欲しいとか、この道はこう曲がらせたほうが面白いとかいうふうに、何でも趣味のほうに専心させてしまうのである。

とかく人の心は移ろいやすいものだから、そうしているうちに花を見れば気が晴れもするし、樹木から道の配置までを眺めていれば、知らず知らずのうちに自然と同化して気持ちがのんびりとしてくる。この間に精神が休養できるのである。このような方法は、ほかにもいろいろとあるだろう。

私はまた、その日の新聞を読んだり、新刊の雑誌を開いて見ることもある。こちらのほうは、庭園を散歩するのに比べるといく分か精神を使うようではあるが、まったく違う方面に心を持っていくから、ぼんやりと考えていることなどよりは得るものもある。いずれにしても、私はこんな工夫を凝《こ》らして精神の休養にしている。

天命を知れ

人の心はそれぞれ顔が異なるように、さまざまに変わっているものである。些細なことにもとやかく心配し、先の先まで取り越し苦労をして、しきりに精神をすり減らすような苦労性の人もいれば、自分に責任がある仕事でさえあまり心を配らず、どちらかと言えばだらしない人もいる。人の心とはいえ、十人が十人、同様ということはない。

自分はどんなものだろうかとよく考えてみると、私はあまり物事に対して心配しないほうだが、とはいっても気ままでいい加減なこともしないつもりである。世の中のことは自然の成り行きということもある。言い換えれば「天命」というものもある。どんなに人は悶《もだ》え騒いでも、人間力が及ばないことはどうすることもできない。だから、いわゆる「人事を尽くして天命を待つ」で、自分が尽くせるだけ尽くしたら、それから先は天命に任せる以外に方法はない。

たとえば今まで元気でいた人が、突然、雷に打たれて死なないとも限らない。地震が起きて家屋の下敷きにされないとも限らない。そのような場合に際しては、どんなに人間が努力しても及ぶものではない。私などもすでに七十の坂を越しているが、もし不幸な運命であったならば、今までに何度も危害が加えられたかもしれない。

いや、私は自ら進んでしばしば危険な場所に臨んだことがある。若い頃には、燕趙悲《えんちょうひ》歌《か》の士※②を気取って世の不義不正を嘆き憤って方々を歩き回ったものだった。その頃の自分は、畳の上で安々と死ぬのは男子の恥だと心得ていたほどである。そして三十歳頃までは何度も窮地や死地に遭遇したのだったが、幸いなことに無事に現在も生きているのは、すなわち天命によるものだと思っている。

人間の世界ではどんなに心配したからと言って、成るようにしかならないのだから、無意味な神秘は何の役にも立たない。それよりも尽くせるだけのことをしたら、それから先は安心して天命に任せるのが賢い判断である。人間が安住できるところは「仁」の一字に行き着く。仮にも仁に背かないだけの決心をして自分がすべきことをして、人に接するならば、いつでも安心して心は余裕しゃくしゃくとしていられる。人事を尽くすというのは、やがて仁を守ることになるので、これさえできれば一切の迷いも解決されて気持ちも釈然とする。そういう人には天も味方して幸いをもたらすのだろう。

【註】※② 燕趙悲歌の士◆中国の戦国時代、戦に赴く燕国の勇者を見送る際に悲歌が歌われた故事にちなんで、悲壮感をもって世の中の不正や不運に嘆く者に対してこのように称した。

大事と小事

大事と小事の価値

そもそも人の禍《わざわい》の多くは、その人の仕事などに勢いがついて得意になっている時に兆すもので、得意の時は誰でも調子に乗る傾向があるから、禍はこの欠陥に付け込んでくるのである。であれば、人が世に処するにはこの点に注意し、得意時代だからといって気を許さず、失意の時だからといって落胆せず、情操によって道理を踏み通すように心がけることが大切である。それとともに考えなければならないのは、大事と小事についてである。

失意時代なら小事にもよく注意を払うものだが、多くの人の得意時代における思慮はまったくそれと反し、「何、これしきのこと」というように小事に対してはとくに軽く侮った態度を取りがちである。しかし、得意時代と失意時代とにかかわらず、常に大事と小事についての心がけを緻密にしないと、思わぬ過失に陥りやすいことを忘れてはならない。

誰でも大事を目前に控えた場合には、いかにしてこれを処理すべきかと精神を注いで細かな点にまで思案するが、小事に対する時にはこれに反し、頭から馬鹿にしてかかり、不注意な状態でやり通してしまうのが世の常である。ただし、箸《はし》の上げ下ろしにも心を労するほど小事にこだわるようなことは、限りある精神をいたずらに浪費するばかりで、何もそれほど心を労する必要はない。逆に、大事だからといって、そこまで心配する必要はないということもある。

だから、事の大小といっても、表面から観察してすぐにこうだと決め付けるわけにはいかない。小事がかえって大事となり、大事が案外小事となる場合もあるから、事の大小にかかわらず、その性質をよく考慮して、そのあとに相応の処置に取るように心がけるのがよい。

大事の場合

大事に対する場合はどうすればいいかというと、まず事に当たってそれをうまく処理することを考えなければならない。しかし、それも人の思慮によるもので、ある人は自分の損得は二の次にして、処理するための最善の方法を考える。またある人は、自分の損得を優先して考える。あるいは、何物をも犠牲にしてそのことの成功だけを考える人もいれば、反対に自分を主にして、社会のことはむしろ眼中に入れない打算をする人もいるだろう。

たしかに人は銘々その面貌が変わっているように心も違っているので、一様に言うわけにはいかない。もし私にどう考えるかと問われれば、次のように答える。すなわち、そのことに対して、まずどうすれば道理にかなうかを考え、そして、その道理にかなったやり方をすれば国家社会の利益となるかどうかを考え、さらに、こうすれば自分のためにもなるのかと考えてみる。そう考えてみた時、もしそれが自分のためにはならないが、道理にもかない、国家社会にも利益があるということであれば、私は断然、自分を捨てて道理のある方法に従うつもりである。

このように事に対して是非、得失、道理と不道理をよく考え合わせて、その後に着手するのが事を処理するのにうまくいく方法だろうと思う。しかし、考えるという点から見れば、いずれにしても緻密に思慮しなければならない。一見してこれは道理にかなうからそうすればよいとか、これは公益に反するから放棄したほうがよいとかいうような早合点はよくない。道理に合うように見えることでも、非道理な点がありはしないかと右からも左からも考えてみればよい。また公益に反するように見えても、あとあとやはり世のためになるのではないだろうかと、穿《うが》って考えなければならない。一言で良いか悪いか、真っ直ぐであるか曲がっているか、道理にあっているかいないかを即断しても、適切でなければせっかくの苦心も何もならない結果に終わってしまう。

小事の場合

小事のほうは、悪くすると熟慮せずに決定してしまうことがある。それが非常によくない。商事というくらいだから、目前に現れたところだけでは極めて些細なことに見え、誰も馬鹿にして念を入れることを忘れるものだが、馬鹿にしてかかる小事も、積み重なれば大事となることを忘れてはならない。また小事にもその場限りで済むものもあるが、時としては小事が大事の端緒となり、一つの些細なことと思ったことが、後日、大問題を引き起こすこともある。

あるいは些細なことからしだいに悪事に進んで、ついには悪人となるようなこともある。それと反対に、小事から進んでしだいに善い方向に向かっていくこともある。始めは些細な事業と思われたことが一歩一歩進んで大きな弊害となっていくこともあれば、そのために自分や家族の幸福になることもある。これらはすべて、小が積んで大となるのである。人の不親切とか我がままなどというのも、小が積んで大となるもので、積もり積もれば政治家は政界に悪影響を及ぼし、実業家は事業のうえで悪い成績を残し、教育家はその子弟を誤らせるようにもなる。

であれば、小事必ずしも小ではない。このように見てくれれば、世の中に大事とか小事とかいうものはない道理である。大事と小事を区別してとやかく言うのは、要するに君子の道ではないだろうと私は判断するのである。だから、大事と小事の区別なく、だいたい事に当たっては同じような態度、同じような思慮によって処理するようにしたいものである。

境遇から達観せよ

大事と小事に加えて一言述べておきたいのは、調子に乗るのはよくないということである。「名を成すは毎に窮苦《きゅうく》の日にあり、事を敗るは多く因す得意の時」と古人も言っているが、この言葉は真理である。困難に対処する時はちょうど大事に当たったのと同じ覚悟で臨むから、名を成すのはほとんどそういう場合に多い。

世の中で成功者と見られる人には必ず「あの困難をよくやり遂げた」「あの苦痛をよくやり抜いたものだ」というようなことがある。これはすなわち心を締めてかかったという証拠である。ところが多くの失敗は得意の日にその兆しがある。人は得意時代に対しては、まるで小事の前に臨んだ時のように、「天下何事か成らざらんや」の気概でどんなことも頭から飲んでかかるので、ともすれば目算が外れてとんでもない失敗を犯してしまう。それは小事から大事が醸《かも》し出されていくのと同じことである。

だから人は、得意時代にも調子に乗ることなく、大事と小事に対して同様の思慮分別をもって臨むのがよい。水戸黄門光圀公の壁書中に、「小なる事は分別せよ、大なる事に驚くべからず」とあるのは誠に真理を得た言葉と言うべきである。

第三章　交際・娯楽について

未婚女性の覚悟

未婚時代とその目的

私は以前妻に対する理想を説いたが、今回はそうなる前の未婚女性すなわち良妻賢母となる以前について、その人たちが持つべき心得を述べてみたいと思う。

これは私がしばしば繰り返して言うことだが、日本の現在はまだ発展の過渡期にある。古い道徳習慣は廃《すた》れようとしているが、これに代わるべき新たな道徳習慣はいまだにできていない。いわば精神や道徳の動揺時代であるから、女子に関する教育方針のようなものも一定していないので、この世に未婚女性として生きていくには多くの困難も伴っている。だから未婚女性は強い決意を持って、自身の方向を誤らないように心がけていかなければならない。

未婚女性の最終的な目的は良妻賢母になることだろう。未婚時代に理想的な妻となるように何ごとも心がけておくならば、それで未婚女性としての責任は十分に果たせたものと言える。一面、未婚時代は良妻賢母の準備期間である。修養時代である。だから前回述べたような、良妻賢母としての条件を整えることが第一の要点だろう。たとえ未婚時代だからと言っても、やはり良妻賢母の心得について大いに学んでおく必要がある。そうでなければ、一度妻となり母となった際、どんなに気苦労してもどうしようもなくなるのである。

さて、良妻賢母の心得については、前回すでに十分に述べたつもりなので、今また説くのは重複《じゅうふく》の恐れがあるからやめることにして、ここでは私が実際に見てきて気づいた、女性の未婚時代に心得るべき点について二、三指摘してみよう。

誘惑に負けない力

未婚時代に最も留意すべきことは、誘惑に負けない力を養うことであろう。とかく青春時代の女子は感情が高ぶりやすいから、ともすると感情が意志に負けてしまうものである。花を見て美しいと思い、月を見て昔を偲《しの》ぶというようなことは、すべて感情からくることで、娘時代に他人の着ている美しい服を着たいとか、芝居見物をなどというのもみな感情からくるのである。

感情は善意に解釈される場合も多いが、時としてそれが良くない方向に外れて、感情のためにとんでもない結果に立ち至ることがある。誘惑のことを指して言っているのである。うぶな娘でなくても人は誰でもこの感情に対して、意志の力で打ち克つことができない場合があるが、とくに青春時代の少女はこの場合が多いものである。

少し心を痛めることであれば、小説を読んでも泣き、気に入らないことがあれば、一言の小言にも腹を立てる。そういう心はすべて、うぶな少女の特質と言っていいくらいである。だから何らかの誘惑に遭えば、たちまち意志の力を失ってそれに走るようなことがないとも限らない。恋愛のために一生を誤ったとか、虚栄心のために方向を踏み違えたなどというのは、この誘惑に打ち克つ力が乏しいために起こる結果である。

このように誘惑は、すべて感情に乗じてくるものであるから、これを防ぐためには意志を強く持ち、常にこれに打ち克つようにしておくことが非常に大切である。だいたい誘惑というものは自ら心を戒めているときにくることはなく、とかく心に隙《すき》がある時、気の緩みがある時に乗じてつけ入るものである。だから、心さえ堅実に持っていれば、どんな誘惑も乗じてくる余地はないのである。もしそれと反対に心に隙があれば、うぶな少女のような者は見るもの、聞くもの、触れるもの、接するもの、すべて誘惑の種にならないものはないという情有様だから、その危険性は言うにおよばない。だから少女時代はこの誘惑に打ち克つ力、負けない力を養うことを心がけなければならない。すなわち、あくまで意志を強くもたなければならない。

未婚女性、少女に共通な性癖

未婚女性として家庭にいる間は父母の言うことに従い、学問や技能の勉強に励むことは言うまでもない。それらはすべて父母や年長者の注意を待つまでもなく自ら努力し励まなければならないことである。世間の未婚女性、少女に共通な性癖は、とかく引っ込み思案なことである。

それは、相応に世慣れた女性あるいは妻たちにも時々見受けることだが、このような点も未婚時代から矯正するように心がけなければ、大人になって人の妻となり、世に立つようになっても、相変わらず幼い習慣が抜けないものである。たとえば人を見ればむやみに萎縮《いしゅく》してしまったり、話したいと思っても思うようにしゃべれなかったり、身のこなしが妙に堅苦しくなることなどである。一例を言えば、卒業証書の授与式に臨んで、証書を受け取るときも屠畜場の羊のように萎縮する場合があるが、こういう態度は別に悪いというわけではない。けれども少女としては可愛らしく見えなくなるので、なるべくそういう癖を持たないようにしたいものである。

しかし、またそれと反対に、いわゆるおてんばの性質で人を人とも心得ず、思うままをべらべらとしゃべり、立ち居振る舞いも優美さ優雅さを欠いて、常に出過ぎるというようなことでも困る。それでは人にいやな印象を与えるおそれがある。おてんばを注意すれば固くなり、活発にしなさいと言えば騒ぎすぎるというのではなく、いつもその中間をほどよくとって、すべてにおいて穏当な振る舞いをするようにしたいものである。女子は何ごとにおいても中和を得にくいようで、極端から極端に走るようなところがあるが、これはまだ世の中に出ない少女の頃から務めて直すよう心がける必要がある。

先人の言葉にも、「女性と子供は養いにくくし、これを近ければ不遜《ふそん》、これを遠ければ恨む」と言う。どうも昔から女子は適度を保ちにくいようであったと見える。けれども、こんな欠点も心がけて直そうとすれば直せないこともない。若い時代から習慣的に注意していけば、側面から矯正することができると思うが、同時に家庭の人もこれをいい加減にせず、側面から適度に注意を与えてあげることが大切である。

私の七十余年の懺悔

どんなことでも、少年時代に身についた性癖、習慣は老後になるまで消えうせないものである。だから若い時から悪い癖や習慣に染まらないように、何でも良い物事に触れ、善行を行なうように心がけなければならない。現在の社会はすべての物事が過渡期にあるから、人が行なうことも道徳に反したことが多い。自分などもそういう社会に生まれて、青年時代から諸々の悪癖、習慣がついているので、こんにちに至るまでそれらを取り除くことができない。

また、私は正式に学問を勉強したことがないので、ある点では人より優れたところがあるかもしれないが、何でも規則正しく行なえて、人に恥じることがないとは言えない。曾子は「君子は屋漏《おくろう》に愧《は》ぢず」と言っている。これは、君子は一人慎むために、家の中においてさえ疚《やま》しいことがないという意味を述べたものだが、今の世の中で屋漏つまり暗い部屋に恥じないほどの人は天下にも少ないだろうと思う。

自分で誓って言うのも変だが、渋沢のような者は他の人に比べればいく分かは恥ずべき点は少ないのかもしれないが、やはり恥ずかしい部分があることを自分でもわかっている。もし私が現在以後のような文明社会で成長したなら、どんなことも秩序だって進んでいくだろうから、悪い癖や習慣が身につかずに、青年時代から理論的に成長して、きっと現在の私よりもさらに恥じることのない人物になることができただろう。

ところが、社会が混沌とした時代に生まれ、道徳習慣の過渡期に成長したので、いきおい時代の感化を受けて、良くないことにも感染したのである。今から思い起こせば、ただ懺悔《ざんげ》するほかにない。修身上のことだけでなく学問の面でも、私がこんにちの時代に生まれたなら、必ず大学でも学んで、学識のある老人になったことだろうと思う。残念ながら、私が世の中を生きてきた大部分の年月はまだ悪い時代にあったから、私はこんにちまで悔みを残するようになったのである。以上は私の懺悔の話だが、思い出すままに述べたことを、現代の未婚女性の参考にしてもらえばと思う。

未婚女性の責任

現在の未婚女性は、自分たちの青年時代に比べて幸せである。学問はすでに秩序立てて学ぶことができる組織になっていて、道徳習慣もほぼ形式が一定のものになりつつある。その現在に自身を磨こうとする女性にとっても、社会の環境は私たちの青年時代に比べれば天地ほどの違いがあるだろう。したがって若い時代から悪い癖や習慣に染まるようなことも少ないだろうが、気を許すことなく間違いや偏《かたよ》りのない習慣や性格を身につけることを心がけ、将来の良妻賢母としての準備を整えてもらいたいものである。

今後に教育を受けて、やがて妻となり母となる者は別にして、すでに妻となり母となっている多くの女性は封建社会から文明社会への過渡期に生まれ育った人が多く、かの「女子学」的な教育を受けた人ばかりである。だから母として理想的な女性が少ないだけでなく、かえってその子どもたちからいろいろと教えられるようなことが多い。したがって現在の母親たちに、その子どもたちの教育を任せておくには心配もある。どうしてかと言えば、その母には現在の子どもたちを教育するだけの勉強や見識が足りないからである。

そして、現在の未婚女性は近い将来それらの母に代わって子どもたちを教育する時代がくるのだから、現在の未婚女性が担う責任は非常に重い。つまり理想的な母として子どもを教育すること、家庭を整えることにおいて、新しい時代を切り開いていかなければならない。十九世紀の家庭とその母は理想的と言えないものだったが、二十世紀の家庭とその母は理想的なものでなければならない。であれば、現在の未婚女性は重い責任があることを自覚し、十分な抱負と決意を持って、自分自身を磨くべき時代を無意識のうちに終わらせないように心がけなければならないのである。

結婚と男女交際

過渡期の副産物

明治の文明は早くも四十余年を数え、世相、文化の様子から人情、風俗に至るまで日ごと月ごとに変化し、ただただ眼を驚かすばかりである。それにつれて、さまざまな主義や思潮が起こり、旧来の純東洋式に西洋思想が加わり、中にはずいぶん突飛な議論や奇抜な主義も出てきた。これも過渡期の副産物だから当然のこととして見過ごされればそれまでのことだが、それらの議論や主義のために正否の判断を下せない人は惑わされないとも限らないから、ある意味から考えればやはり憂慮すべき現象である。

さて、それら多くの主義や思潮の流れの中で、私があまり賛成できないのは青年男女の交際論である。それを十分に理解せずに、表面的な観察によって現代の青年男女に対して、すぐに西洋のように男女交際を盛んにしなければならないと言い、男女交際は社交上の問題であるだけでなく、互いに伴侶を得るうえでもただ一つの好機であると主唱する者がいる。

ちょっと聞いてみれば、文明国で行なわれている風俗でもあるし、人生で唯一の結婚問題を決めるうえで多く好都合なことがあるから、進んでそうさせるほうがよいと思えないこともないが、周囲の事情、習慣、風俗などに照らして冷静に考え合わせてみれば、日本の現在においては時期尚早《しょうそう》と思われる。だから私は、今この問題およびこれと密接な関係のある結婚の方法について、少し感じたことを述べてみよう。

私の杞憂《きゆう》

これまで日本で行なわれている結婚の方法には三種類ある。通俗的に行なわれている方法、すなわち古来の習慣どおりに行なう方法と、キリスト教と神道によって行なわれる方法である。しかし、これは一応の儀式にすぎず、結婚の価値から言えば枝葉のことであり、いわば結果であるに過ぎない。

結婚にはこのような形式以外に、より以上の重大な問題がある。それは男女ともにその配偶者を選択することだが、これまでの日本の習慣によると、当人同士がその心を知り合って決定するというよりも、ほとんど両親または親戚や媒介者に任せてあった。これはあまりに古いやり方で、結婚後、相当な月日がたたなければ互いに気心を知ることができない。結婚したあとに性格的な短所を知ってももう遅い。不平を抱えながら我慢してしまうとか、さもなければ離婚の悲しみに陥らなければならないこともある。

この弊害を救うには、青年男女にまず交際させて、互いにその心情がわかるようにさせるに越したことはないと言う者がいる。いかにももっともな意見で、これが理想どおりに行なわれるなら、一日でも早く古い習慣を打破したほうがよい。けれども、現在の日本ではまだ行ないにくい問題と言わなければならない。

古来、日本の教育では、男女をまったく別に育ててきており、「男女七歳にして席を同うせず」というのが青年教育の基本であった。男と女が結婚するまでは、どんなことでも離しておくことを常としていた。男が女に接近するのも一種の恥、女が男に接近するのはなおさらの恥としていた。これが習慣性を生み、ともかく青年期の男女は互いに遠ざかっていたと同時に、節操を保つことができた。ところが今、急に青年男女をこの束縛から解いたとしたら、どんなものだろうか。旧習の圧迫から逃れたことをよいことにして、ひどく両者が風紀を乱すような結果になるのではないか。

西洋の男女交際は一種の習慣

一方、西洋諸国の風習を見ると、先進国における青年男女は自由に開放されて、両者は公然と交際している。年頃の女子が舞踏会にも出て男子の中に交じりながら踊る、宴会にも出て臆面もなく振る舞う。家庭においても自分が好きな男子を友人にして交際するのである。それは日本人の眼から見れば妙に思われるけれども、外国では、これが一種の習慣になっているので、むしろ当然のこととして怪しみもしない。

日本では淫らなこととして退けるようなことが、西洋では不思議でも何でもないから、習慣というものはしかたのないものである。このように西洋では社会組織が違う。周囲の事情が日本と正反対である。だから社会組織がまったく異なるに日本に彼らの風習をすぐに輸入しても、それが必ずしも理想的に進むかどうかは疑問である。

外国の男女共学

それどころではない。外国では男女を一緒にして教育しているところもある。先年、私が実業団とともに渡米した時、各地でこれを見た。当時、自分がこの男女共学に対して真っ先に抱いた疑問は、第一に品行問題、第二に男女の体質の関係であったが、各地ともにみな一様にその心配はないと言っていた。しかし、ハーバード大学だけは、私の説が絶対に悪いとは言わなかった。

品行問題

当時、私が抱いた疑問の一つである品行について私はこう考えた。男女をこのように共学させておいて、もし品行の悪い者が出てきた場合はどうするのか。男女が相愛というのならまだ許すべきだが、男であるために女を誘惑した場合に、それが続いて結婚したとしても、結果は必ずうまくはいかないだろう。それよりも日本のように、仲介者がいて両者の長所短所をよく見分け、長短を相補うように間に立って世話をするほうが、かえって弊害が少ないのではないか。

餅があれば食べたい、金があれば他人から与ったものでも使いたい、と思うのが凡人として当然なことである。まして年頃の男女を一緒にしておくことについては、その弊害はひどいところまで行きはしないかというのが私の意見だった。しかし、アメリカの教育家は口をそろえてそうではないことを述べ、古い習慣として男女を一緒にすることに何の違和感も感じていないと言い、もし不心得な男が言い寄ろうとすれば、女が相手にしないだけか、その男はかえって世の中から蔑視されるようになるから、男にもそんなことをあえてする者はいないとの答えだった。それでも私はこの説明を絶対に信じることができなかった。

体質の関係

第二の問題である体質の関係について、私は男子と女子とは精神的にも強弱があるし、体質にも優劣があると考える。そういう両者を一緒にして教育することは、あまりに分別がないのではないかという意見だったが、アメリカ人はこれをも否認した。彼らは、科目によっては共学は差し支えなく、工科のようなものはよくないとしても、文学、哲学、法学のようなものは一向に差し支えないと言う。頭脳において女子は必ずしも男子に劣ってはいないから、科目が何であるかによって別にする必要はあるだろうか、大部分の科目は共学でもかまわないと言うのであった。

なるほど、科目によっては、あるいはそうかもしれないが、男女は先天的に体質が違っているから、できることなら別々にしたほうが安全だろうと思う。しかし、彼らは共学に対する意見を、我々が感じたほど大したこととは思っていない。社会がそうであるから、それがむしろ当然のことと考えているに違いない。これは一つの例として引いたまでである。

古い習慣を守るのみ

とにかくアメリカでは、社会の状態が男女を共学させるということになっている。そして、この間に男女が互いに思い合う伴侶を得るというわけだから、あるいは弊害は少ないかもしれないが、社会組織が異なる現在の日本で、一挙にアメリカ式を学ぼうとするのはどうだろうか。

もともと圧迫されていた者が一度圧迫から解放されれば、倍の反発力が働くことはよくある例である。仮に現在、青年男女の障壁を取り除いたらどんなものだろうか。もし結婚前に互いに多少なりとも性格を知っておく必要があり、交際をしたほうがよいということならば、親しい間柄の談話の場、または園遊会、茶話会などの場合に両者が会って話してみるくらいの、極めて自然な機会を活かすほうがよい。

かつて自分のところにある人が相談にやってきて、結婚前の男女交際を行なう一つの組織を作りたいと申し出たことがある。その方法として教会的な場所を造り、真正な会堂としてそこを男女交際の場に宛てるという意見で、自分にも賛成して欲しいと言った。しかし、私はこの意見にも同意できない。やはり私はある時代がくるまでは、男女交際も少しずつ進めていく以外に方法はなく、結婚の方法も現状を維持する以外にしかたないだろうと思うのである。

交際の心得

交際の上手下手

私はかつて「経済界の根本は交際にあり」と説いた経済書を読んだことを覚えている。交際とは誠にそのように広義なもので、単に社交上の意義があることはもちろん、政界、経済界で交際が必要なことは言うまでもない。すなわち社会があれば必ずそこに交際が伴うのである。したがって交際が社会に必要視される範囲は無限に広く、局部的なもの、あるいはある種の人たちだけの限られたものとすることができない性質のものである。とにかく交際は人として社会に生きていくうえにおいて、欠くことのできない根本的な要素と言わなければならない。交際は非常に重要である。

世間でよく「あの人は交際が上手だから世渡りがうまい」とか「あの人は交際が下手だから人によく思われない」などと言って、人に対する交際の上手下手を批評する言葉を耳にするが、この上手とか下手とかいうのは、一体何を基準にして区別しているのだろうか。自分には、どうもその基準がわからない。仮にただ一つの感想から考えてこれを定めるとすれば、それはあまりにも杜撰《ずさん》である。さもなければ、別に基準の立てようがないから、深く考えれば考えるほど、定義が難しくなる。

普通、世間で交際上手と思われているのは、他人と交わる場合に相手を心地よくさせ、何の悪気もなく愉快に感じさせるのである。交際下手とはまったくその反対で、人と差し向かいでいても黙々として打ち解けない態度に出て、人に不愉快な思いを抱かせるようなことを指して言うのだろう。そうであるとすれば、外形的に見られる交際には、いく分か上手下手ということがあるように思われる。

世間で交際上手と思われている人々の交際ぶりを見ると、巧妙に話を持ちかけて、どんな寡黙《かもく》な人でも自然に口を開かせてしまうとか、あるいは地位や長幼の違いをいちいち区別してそれ相応な態度や応接をする。あるいは相手の性格や状況によって臨機応変《りんきおうへん》に真面目な話しをしたり砕けた話をしたり、ときには冗談を飛ばして人の頬を緩《ゆる》めるようなことをして、その席にいる者を自然に楽しい気分にさせて少しも不快な印象を与えないといったようなやり方である。こういうやり方も、交際のうえでは必要であるに違いない。

同様に自分の意志を表わすにも、穏やかに静かに円滑に言うのと、激しく突発的に不躾《ぶしつけ》に言うのとでは、相手の感情にどんな違いを生じさせるだろうか。石がいくつも積み重なる石垣は、漆喰《しっくい》のつなぎがあってこそ美しく見え、堅牢《けんろう》にもなるではないか。意志はまるで石の塊のようなもので、漆喰のような交際法があって初めて完全につなぎ合わせることができる。言い換えれば巧みな接し方によって上手に人と交わるということは、交際が下手な人よりは大いに勝るところがあると言われるだろう。だから、それらのやり方も、交際の場における一つの道具であるに違いない。

真の交際法

人と上手に話しながら、相手と打ち解けるような方法が巧妙に行なわれるとしても、私はこのような表面的な交際法には飽き足らない。なぜかと言えば、それがいかに淀みなく自在に行なわれて少しも人に不快感を与えないとしても、要するにそれは一つの方法とか術といった上辺《うわべ》のものに過ぎない。基本的に交際のうえで大切な精神面がいい加減にされているから、このような手段、方法による交際に対して私は決して満足できないのである。

私が考えている交際の要旨は、事に当たっては切実に考えること、人に対しては少しも誠意を欠いてはならないという点にある。すなわち精神を重んじて、相手の身分などにかかわらず、どんな階級の人に向かっても誠意をもって交わり、話し言葉や一挙一動もすべて真心から出るというのが本当の交際だろうと考える。

世の中で真心、誠実さほど根底に深い力を持つものはない。この真心をもって偽らず、飾らずに自分の誠意を見せて人と接するならば、ことさら方法や術《すべ》などがなんで必要なのだろうか。どんなに無口で交際下手な人でも、真心をもって交われば、必ず心が相手に通じるはずである。巧妙に饒舌に話しかけたとしても、誠実さがない会話であれば、相手に軽薄な印象を与え何の効果もないものである。

だから私は交際の秘訣はただ誠実さに帰着するものであると言いたい。もし人と向かい合った時、偽らず飾らず自分の誠意を表わし、対面の瞬間にまったく心を打ち込んでしまうことができれば、それは多くの交際術や社交法を尽くすよりも、はるかに超越した交際の結果をもたらすことができるだろう。

温公と孔子の交際論

古人も交際についてはいろいろな説を述べているが、とくにかの司馬温公がこれを定義して、「妄語《もうご》せざるより始まる」つまり嘘をつかないことから始まるとはっきり言い切ったのが、最も要を得たものだと思う。簡単な言葉ではあるが、その中に真摯な心が溢れている。

誰に限らず人と接するにあたって、みだりに言葉を弄せずに誠意を表わせば失敗などあるはずもない。また孔子の交際に関する見解ともいうべきものが論語に記されている。かつて、その弟子の顔淵《かんえん》、子路《しろ》の二人が孔子のそばに控え、互いにその志を語ったことがあるが、三人の考えが三様になっているのは、おのおのその人物をうかがい知ることができて面白い。

子路はまず「願わくは車馬衣軽裘《けいきゅう》、朋友《ほうゆう》と共に之を敝《やぶ》って憾《うら》みなからん」と言って、友達と交わるならば、大切な馬車でも立派な衣服でも、これをともに破るのに何の恨みがあるだろうと言うほどまでに、むつまじく親しくしたいとの思いを述べた。ところが顔淵はさすがに孔子の弟子の中でも筆頭だっただけに、さらに異なった方面から、「願わくば善に伐《ほこ》ることなからん」と言い、人に対してはどこまでも自慢や自尊の心を出したくないと述べた。

孔子はこの二人の弟子の言葉を聞いたまま口を開かれなかったが、気の短い子路は進んで孔子に判断を迫ったので、孔子も「老人には安心させ、朋友には信用させ、幼少者には懐かせて慕わせるようにしたい」と口を開いた。孔子だけにいかにも大きなところを言ったのである。

この三人の対話は必ずしも交際のうえでのことだけを言ったのではないが、これによって交際に関する趣旨をうかがうことができる。すなわち人と交わるには子路の考えるように、互いに胸襟《きょうきん》を開いてやるのも一つの方法だろう。さらに顔淵の意見のように自慢自尊の心をなくして対応すれば一層安心である。孔子の教えることはまったく円熟したもので、相手を見分けておのおのその心にかなうようにする。それでこそ、真の交際が成立するというものである。

心に留めるべき顔淵の言葉

とくに私は顔淵の言ったことに感じる点が多いと思う。世の中には時には人と交際する中でも自慢したくなり、自分が行なった仕事などについて「自分はこうやった」とか「あいうやり方はちょっとできないものだ」などと臆面《おくめん》もなく言い放ち、列席の人には非常に不快に感じられることがある。心の中では密かに自慢するものが少なくないだろうが、それほどまであけすけに口に出すことはよくないことだ。

どんなに自分が良いことを行なったにしても、またいくつもの功労があったにしても、相手がそれに及ばないと見て、その人を下に見て迷惑になるような自慢をするのは友と交わる道ではない。交際とそれらの自慢や高慢とはまったく関係がないもので、自慢自尊は人の気持ちを害する以外に何の足しにもならないもので、かえって交際のうえでは互いの間に壁を作る材料にしかならない。顔淵の「善に伐《ほこ》ることなからん」といった言葉は、人と対する場合によく心に留めて忘れずにいたいものである。

要するに、交際の要素は真心である。顔淵の言葉は真心の化身である。孔子の教えは真心の発露《はつろ》である。「至誠天に通ず」と言い、「誠は天の道也、之を誠にするは人の道也」とも言っているように、何ごとを行なうにも誠を欠いてはだめである。

こう観察してくれば、交際の極意は、いかにして誠を養うかという問題になる。誠の養成は教育によるのもよいだろうが、宗教によるのもよいだろう。しかし自分は終始、孔子や孟子の道によって自分の道徳を修め、誠の道を磨いている。これを哲学のうえから見ても、孔子や孟子の教えほど「誠」について説明したものは少ないだろう。

「大学の道は明徳を明かにするに在り、民を新にするに在り、至善《しぜん》に止るに在り」と言い、あるいは論語に「富と貴と是れ人の欲する所也、其の道を以てせずして之を得るも去らざる也」と教えているようなことは、いかにも見事な教訓ではないだろうか。私は宗教心に乏しく西洋の学問をあまり勉強していないので、他を退けるわけにはいかないが、ソクラテスのような人でさえこのような点については十分な説明をしていないと思う。

しかし現在は、一般に知識が進歩するほどに道徳心の向上が伴わないから、人々はただ口先でごまかして心の誠実さを欠いているように見えるのは非常に嘆かわしい現象である。これらは社会的制裁によって悪い習慣を正すよりほかに方法はない。真心に頼まなければとうてい世の中を生きていくことはできず、虚偽が世の中に存在することは許されないというふうに、世の人々が厳しく制裁したら自然に習い性となって、いつかは人々が本当に真心を会得する時期がくるだろう。社会的制裁の力を望みたい。

精神以外の交際法

いま試しに「交際学」とでも言う一科目を設けて、社交に関する綱目を科学的に研究したならば、おそらく容易に議論が尽きることはないだろう。けれども私はそんな研究をしたわけでもなく、また交際に関する学問をしたわけでもないから、ここでいくつも枝葉末節にわたることまで述べることはできない。

しかし、いかに精神を集中して誠実にならなければいけないとはいえ、少なくとも交際のうえで必要な形式や工夫については一通り覚えておくほうが得策だろうと思う。誰でも意志を表わすに場合には、形式によらなければある程度まで自分の気持ちを相手に伝えることができない。その形式をさまざまに研究したものが、やがて「交際術」といったものになるのだろうが、「術」と言えば何となく語弊《ごへい》があるかもしれない。しかし、その形式が心のままを形に表わしたものであるならば一向に差し支えないはずである。

たとえば集会の場合などに、なるべく談話が途切れないように何か話を考え、人に不満を抱かせないよう、いろいろな方面に苦心することが必要で、いつでも同じような話ばかりしていれば相手を飽きさせてしまう。かといって、相手を飽きさせないように務めるには、いろいろなことを知っていなければならない。また会合にも各種各様の違いがあって、国家的な会合もあれば社会的な会合、家族的な会合などもある。

これらはその場合に応じて性質を異にするものだから、これらの席に列する時は、まず自己の心の置きどころを考え、応接、態度、話題など、その場合に応じるようにしなければならない。社会的な会合において家族的な会合の気持ちでいたり、国家的な会合に私情をはさんだりして公私を混同するのは、思い違いもひどいものである。極端なものでは、そういうやり方はこだわりがなくて面白いとか、常識に縛られない点が偉いなどと言って称賛する者もいるが、自分はそういう人のやり方にはどこまでも賛成することができない。

形式でも中庸を得たものなら、人に悪い印象を与えない程度において必要である。こうなると交際術は必ずしも捨てたものではないが、その程度を失わないことがなかなか難しい。私としてもその細かなことまでいちいち説明することはできず、今はっきりとこうこうと言うことはできないが、要するに分に応じてその程度を超えないように心がけるならば、たぶん大きな間違いはないだろうと思う。

先輩と後輩

先輩と後輩は朝夕のごとし

物事が時々刻々と変転推移して止むことのない世の中は、いつか子供が壮年に、壮年が老人となり、くる歳ごとに同じことを繰り返し、人間がこの世に誕生して以来、いくたび同じことが続けられてきたのかわからない。

地理学者の説によれば、アメリカのソルトレークは二十五万年の歳月を経てあれだけのものになったという。なぜ、そのように推察できるかというと、湖水中に含まれる塩分から分析すると、蒸発作用によって湖水にあれだけの塩分が残るまでには、この長い年月を要するとのことである。またグランドキャニオンの両岸は、七千何百尺の大渓谷になっているが、これも水が高台の平原を流れていて、水流の浸食作用によって、しだいに下へ下へと食い込み、現在ではあのような大渓谷となったもので、やはり五万年の歳月を経ているということである。

これは、世の中の事物が長い年月を経る間に不可思議な変遷をしていくという例だが、人間も同じことで、歴史ができて以来、四、五千年を経ているくらいだから、人類が生まれたのは何万年前であったかわからない。しかし、意識ある者が生きているところには必ず先輩と後輩があるはずで、例えば一日に朝夕があるようなものである。そして人間は何万年も前からこの先輩と後輩の関係を繰り返してこんにちに至ったもので、言い換えれば人間の歴史は、老人が死んでは若い者が老人となるという作用を順繰りにしてきたに過ぎないのである。

先輩は後輩に劣ることを望む

先輩は後輩にいくぶんかずつ劣るようであってもらいたいもので、社会の現象としては、いわゆる子が親から生まれて数を増すようになってもらいたいと願うのである。時代によっては、そういうこともある。現に、今日《こんにち》のような状態では、後輩が先輩に勝っていると言って差し支えないだろう。

どうしてかと言えば、今日の社会では、これまで我が国固有のものがすべてそれで十分というのではなく、諸外国から輸入したものを用いるのが比較的よい方法であるとするような情勢だから、後輩が物事を知ることのほうが広範囲で詳細であるわけである。一方、先輩は現在のように文明が隆盛の時代に生まれ合わせなかった悲しさで、我が国固有の文化だけの時代に生まれ育ったのだから、新しく知ることと言っても狭く、かつ粗雑なものである。だから私は、現代においては先輩よりも後輩のほうが優れていると判断するのである。

かつて学生が集まる席に臨んだ時、学生らは異口同音に私のこの説に反論してこう言った。「なるほど、今日の学生から成長した後輩のほうが、昔の教育が不完全だった時代に教育された先輩より優れた点があるかもしれないが、それでもある点では後輩が先輩に及ばないから、必ずしも現在の先輩が劣っているとは言えない」と。

けれども自分はそうは思わないから、さらに彼らに次のように言った。「それは君らの考え違いである。君らは維新で功績を挙げた数名ないし十数名の人に比べて、現在の後輩が劣っているという考え方だからいけない。現在の人と当時の普通の人々を比べたらどうだろうか。必ず先輩が劣って、後輩が優れていることに気づくだろう。だいたいいつの時代にも、代表的な人物を選び出して、彼らを一般の人と比較すれば、必ず代表的人物のほうが偉大に見えるに違いない。しかし世の中で代表的な人物は極めて少数であり、普通の人々が大多数を占めていることを忘れてはならない。この道理から推し測れば、こんにちの人は昔の人に比べて大いに進んでいると言うことができるではないか」

そして私は本当に先輩より後輩が進んでいることを望んでいる。この反対のようなことがあればどうなるか。社会の進歩、発展は望めないではないか。

先輩、後輩の心得

国が進歩発展する気運がその時代の人によることは疑いのない事実だが、人物しだいではせっかく発展しかけた国家も衰微し、あるいは逆に、未開国が文明国の仲間入りをすることもできる。ここで先輩、後輩というのは、国家のあらゆる分野で重要視される者を指しているので、それらの人々は前述の意味を理解して、国家の盛衰は第一に人物によるものであることを忘れず、先輩も後輩もともにその責任を重んじてもらいたい。先輩はよく後輩を指導して助け、後輩は先輩に勝る人となってそのあとを継ぐようでありたい。こうして、しだいに後輩が先輩より勝っていくならば、国家社会はおのずと隆盛となり豊かになっていくことができるだろう。

先輩後輩と言っても、本当は決して社会で傑出した人だけを指して言うものではないだろう。各種の職業、各種の職分で年長者や若者がいるはずで、双方の間に先輩後輩の違いがあるだろうから、政治界には政治界に先輩がいて、実業界には実業界の先輩がいて、学者は学者で、技術者は技術者で、各先輩がいるわけである。このように学ぶところ、務めるところは人々に違いがあるだろうが、精神的には誰でも一貫した方針を持たなければならない。

この方針、主義とはどんなことかというと、いわゆる人の道である。この人道が完全でなかったならば、先輩が後輩を誘導していくこともできなくなる。なぜならば、すべて人は人道を重んじて、仮にも長幼の序を失わず、敬いの心に厚く、忠信の心でその職に務めて初めて円満に、平和にやっていくことができる。ところが、先輩後輩の間に互いに譲り誘導し合うことなく、逆に互いに憎しみ退け、一方は導くことをせず、一方には従う気持ちもなかったならば、先輩後輩はまったくその意義を失い、価値をなくしてしまうのではないか。この両者の間をまとめ、秩序を乱さないようにしていく道は、人道以外にないのである。

要するに先輩、後輩と言っても、その職責が行き着くところは国家である。先輩後輩ともに国家を基本にすえて、これを受け継いでいくうえで利己的になることなく、仁義の心によって進んでいくならば、それはたぶん理想郷となるだろう。私は世の中の先輩、後輩に向かって、これ以上に望むことはできない。

二人の先輩

明治五年に初めて国立銀行条例が発布された時、英蘭銀行のギルバート氏が著した「銀行員心得」というような書物を翻訳して、銀行成規（規則）の中の一部として添えて出版した。その心得にどんな条項が含まれていたのか、今は明確に記憶していないが、「そもそも銀行業者の事務を処理するには、丁寧で遅滞なく行なわれるようにすること。銀行として人から安心してもらうには、公平で親切でなければならない。銀行業者はわずかな利益のみを争うものではなく、時事によく精通して常に世の中の変遷を観察し、それに処する考慮がなければならない」などという説明があったことを覚えている。私はじつに四十年来、この精神で銀行の経営に当たってきたのである。

だいたい物事を処理するに当たって、速やかに行なおうとすればおのずと粗雑に流れやすく、丁寧さを重視すれば遅れがちになる。粗雑も悪いが、遅れがちもまた避けなければならない。しかし私は処世のうえで親切であることがもっとも必要であると信じ、どんなことでも親切という力によらなければならないとして、この方針に向けてできる限りの注意を払っている。

もちろん広い世間には、親切丁寧でなくても成功する者がいるかもしれないが、それは特殊な場合で例外というべきもので、私は世間にとっては親切が最大の美徳と信じているから、平素もそれについて心を配っているわけである。

私には四十年来、心から感銘を受けて忘れることができない親切な先輩が二人いる。一人は井上馨侯、もう一人は伊藤博文公である。井上侯は私が大蔵省に奉職していた頃からの先輩で、明治六年五月には大蔵大輔の職におられたのだが、政府の人と意見の食い違いがあり、思い切って大蔵省を去られた。その時、私も同じ行動をとって大蔵少輔の職を退いて以来、こんにちまで引き続いて交際を続けている。井上侯には時おりずいぶん筋違いの小言をいただくこともあるが、その誠心誠意の親切には知らず知らず心服させられ、身に染みて感謝することが多い。

第一銀行創業と覚悟

維新後、社会一般で大変革が行なわれたが、商工業者の地位だけは依然として古くからの状況のままだった。もちろん、国家の政治、軍事、法律、教育などを進歩させることも必要ではあるが、その根本となり基礎となるべき国民が富み、かつ栄えていかなければ、国家は本当に文明国であるとか富強であるとは言えない。このことに関しては「米びつ演説」で論じたとおりだが、その理由によって私は官吏の道を退き、率先して当時社会から卑下されていた商売人の中に身を置き、実業の世界を発展させる責任を負わなければならないと決意した。

私の友人の中にはこの決心に反対し、さまざまに中止するよう忠告してくれる者もいた。しかし私の意見としては、もちろん財産を多く増やすことはできないかもしれないが、商売人になったからといって、醜い行ないや汚れた行動は絶対にしない覚悟を決めた。

さて商人になろうとして自分を省《かえり》みて、私の一番の長所は何なのだろうかと考えた。普通の小さな商売のようなことはできない。ヨーロッパの言葉は話せないから外国との商売もできない。ところが幸いなことに、自分は二、三年間大蔵省にいたため、自然に財政経済の準備運動のようなことをしていたから、できるなら日本の金融機関を作ってみたいと思いついた。そこで、この目的を達するには銀行業でなければならないと決意して、銀行家となって一生を送ろうと思い定めた。

このようにして、明治六年に初めて株式組織で創立したのが今の第一銀行である。その時、私は将来の覚悟を決め、一度官吏を辞めて在野となった以上は、たとえ総理大臣になれる場合があっても動かないことにした。誰が何と言っても、どんなに立派な地位にすえられても、私の望むところではない。自分が第一銀行のために尽くすのは、いわば一度嫁いだ女性が、二度も夫を持たないというほどの決心で取り組むことにしたのだった。

【註】※① 趙普（ちょうふ）◆北宋の政治家（九二二〜九九二）。太祖、太宗の二代の君主に宰相として仕えた。冷静沈着で官吏としての能力はあったが、学問を修めてはいなかったので、太祖は趙普に読書を勧めた。それから趙普は熱心に読書し、一冊の本を片時も手放すことはなく、朝廷の重要な

会議の前には必ずその書物を開いて読みふけった。その書物は論語であり、趙普は論語一冊の半分によって太祖を補佐して天下を定め、半分によって次皇である太宗を助けて天下を太平にすることに役立てたという。

破綻の危機

第一銀行の資本金は、その時は二百五十万円で、主だった株主は三井組、小野組、島田組の三者で、三井組も小野組もその持ち株はそれぞれ百万円だった。その頃の小野組の勢いはすばらしいもので、実力に比較するとそのやり方が大変派手で、事業を非常に拡張していたから、第一銀行もそれを信用して貸出金が百数十万円という巨額に達したこともあった。

ところが明治七年十月頃だったと思うが、容易ならない警報が私の耳に入ってきた。というのは小野組の破産問題である。当時、世間はこのことを知らなかったけれども、小野組が勢いに乗じて手を広げすぎたために財政が困難になり、とうてい破産せざるをえない状況になる以外、救済の策がないことは早くから私の耳に入ったのであった。この件に関して私はじつに憂え苦しんだ。銀行が貸付金を容赦なく取り立てることは知っていたが、それを断行すれば銀行は安全でも、小野組はそのために早く破産してしまう。それはあまりに過酷なことで、自分にはできない。だからといって、このまま放っておけば、小野組の破綻とともに、せっかく苦心して成立させた銀行は試験中に倒れてしまわなければならない。

私はわずか五、六万円の株主だから自分の身に降りかかる損失はともかくも、生涯の事業と定めた銀行をここで消滅させることはいかにも残念である。どうしたものかと三井の人々とも相談してみたが、やはり妙案、奇策も浮かばない。私はこの間に挟まって毎日思案に暮れていた。

井上侯の親切

ところがある日、井上侯が突然、兜町の私が家（その頃、私は兜町の三井家所有の家屋に住んでいた）を訪ねてこられ、一緒に食事に行かないかと誘われた。誘われるままに何の気なしに山谷の八百善に行った。世間話をしながら夕飯を食べ終えたのだが、井上侯は膝を進めてこう言われた。

「ところで小野組がだいぶ危ない様子だが、銀行から貸し出している金についてはどういう処置をとるのか。君の前途に関係するばかりでなく、経済界のためにも心配であり、創立したばかりの銀行がうまくいくかどうかは、また新たに事業を起こそうとする者にも非常に影響を与えるわけである。じつは、そのことについて君の意見を聞きたいばかりに来たのだが、他人のいるところでは話もしにくいから、とうとうここまで来てもらったのである」

私には思いもよらないことで、その前にも小野組のことについては多少話もしていたが、井上侯がこれほどまでに心配してくださろうとは思わなかった。それも一時の気休めやお世辞で言われるのではなく、本当に私のために思ってくれているかと思うと、その親切心に対して私も動かされざるをえない。これまで小野組に対してとかく躊躇《ちゅうちょ》していたことも、ここで初めて固く決心することができた。

それで私は井上侯に対して「じつはこのように処分しようと計画を立てています」といちいち詳細に前後の始末を語った。そして「このことは小野組へは相談が整っていますが、まだ三井家との交渉ができていません」と言うと、井上侯は「よろしい。三井家のほうへは私から話してあげよう」と言われ、お蔭でこの件も予定通りに決着がつき、百数十万円も貸し出ししてあったにものに対して、わずかに一、二万円ばかりの損失で難関を切り抜けることができた。

もしこの時、井上侯の親切な言葉がなかったならば、第一銀行は現在どうなっていたかわからない。当時のことを思い起こすと、無事に過ごすことができたのはじつに井上侯の力によるところが大きいと思い、しみじみその親切心に感謝している。今も時々この話を井上侯にお話しすると「そのようなことがあったかね」と笑っておられる。

伊藤公の忠告

また、今思い出しても恥ずかしくてしかたないのは、故人となられた伊藤博文公から忠告された一言である。それは共同運輸会社と三菱汽船会社とが激烈な競争をしていた頃のことだったと思うが、私は共同運輸会社の創立の時から相談役になっていたが、同時、三菱のやり方があまりに横暴を極めているというので、共同運輸会社の人々は非常に憤慨していた。その結果、交通担当の大臣に向かってその事情を陳述し、何とか制裁を加えてもらうことになったが、会社の人たちの中にはこの役目を果たす適当な人がいなかった。そこで、私はそれまで官吏だったので官吏に知り合いも多いということで、是非この役目を引き受けてもらいたいと申し込まれ、私は会社の人々の意向を聞いたうえで伊藤公を官邸に訪問することにした。

伊藤公に会見すると、私はまず会社の人々から聞き取ってきたさまざまな事柄を並べ立て、三菱汽船会社のやり方を非難した。ところが伊藤公は私の話には一言もはさまず、こちらが言うだけのことをすっかり言い終わると、やがて姿を正して次のように言われた。

「渋沢君はどうも奇妙なことを言われる。自分のほうのよいことを言うのは許すとしても、それを証拠立てるのために他人の悪事を挙げるというのは男子、君子が与しないことではないか。じつに卑怯なやり方だ。こういうことはお互いに慎みたいものである。まして君などは事業界から立派な人物だと見られているし、またおそらく君自身もそう思っているに違いない。そういう君からしてこんなことを言うようではじつに困るではないか」

私はこの忠告を聞いた時に、ほとんど穴にでも入りたいくらいに思い、顔を上げることができなかった。もちろん、自分はそういう意味で言ったわけではなかったが、こう言われてみると、こちらの言い分が悪かったと初めて悟った。それからというもの、私は自分の言動に少なからず注意を払うようになった。あとから思い巡らせば、伊藤公のこの時の忠告は私が精神修養をする意味で最も力のある一言だったと今も深く感謝している。

世の中には、ともすると他人が親切で言う忠告も好まない者がいる。「忠言耳に逆ふ」とは古人の嘆きで、他人の忠告を聞き入れるというのはちょっと難しいことだが、井上侯のように、伊藤公のように、親切から出た忠告は生涯忘れることができない。人の忠告を受け入れてその身をまっとうした例は今も昔もたくさんあることで、自分の身を立てるうえで、また世の中に処すうえで心しなければならない要件だろう。

人生の慰安

慰安、すなわち労《ねぎら》いや楽しみ、あるいは安らぎとなるものを細かく考えれば、なかなか複雑なものである。人によって、慰安もいろいろと異なるだろう。老人と若い者、賢い者と愚か者とは、おのおの慰安と考えることに違いがあるだろう。

最も卑近な例を挙げれば、動物でも慰安はおのおの違っている。一つまみの粟《あわ》で満足する雀もいれば、獣を捕らえようとする鷲もいる。彼ら動物はただ欲を満たせば足りるのだが、そこにもおのずと慰安があるだろう。人間の世界もやはり同じことで、天下の大政治家である英雄と、その日暮らしで身分の低い者とでは慰安も異なる。その度合を一つひとつ判断しようとするには、各人についていちいち観察しなければならないから何日も必要である。もし、それをしたところで、要するにそれは個別の慰安であって、それを広く「人生の慰安」とするにはあまりに部分的に偏りすぎて全体を述べていないことになる。

私は今、「人生の慰安」を論じようとするのだから、ここでは人間として誰にでも共通な慰安を述べなければならない。言い換えれば、人間の世界のことは千差万別で一様には言えないので、私はとくに一般的な慰安について述べてみようと思う。

物質的慰安と精神的慰安

人生の慰安は、物質的に求める場合と精神的に求める場合と、また物質的、精神的なことが相まって、その間に慰安を求める場合とがある。今それらの関係について考えると、だいたい物質的なことによって人に慰安を与えることは少なくないだろう。第一に衣食住を初めとして、それらに満足を得ることができなければ、人はとうてい慰安を得ることができないだろう。

一例を挙げれば、暑いさなかに扇風機の設備があって涼しさを得ることができるとか、氷が欲しい時にはすぐに女中が運んでくるなどというようなことは、誰でも快いことと感じているが、もし暑さのひどい時に風もなく、渇きを潤す茶もなければ、常に不足を感じ不快なものである。この理屈から推し測れば、立派な邸宅を構え、庭園を築き、華美な衣服をまとい、贅沢に飲食を楽しむというようなことは、みな相当な慰安ということができる。しかしながら、そういうところに慰安を求めずに、「常に心を淡然の域に悉《ことごと》にし神を至誠の境に馳《は》す」つまり常に心を淡々と静かなところに行きわたらせ、真心の状態に神を走らせるとか、または論語の「疏《そ》食《し》を飯《くら》ひ、水を飲み、肱《ひじ》を曲げて之を枕するも、楽亦其中にあり」というように、精神面のほうから慰安を求めようとする工夫もあるけれども、これは常人に望むことはできないことで、やはり一般的にはある程度まで物質的な慰安が必要である。だから多くの人は、まず物質的に満足を得ることを心がけることが一番の近道だろう。それにはまず、十分に勉強し、知識を吸収して社会で活躍するのが唯一つの方法である。

とはいえ、物質的に満足しさえすれば、誰でもそれだけで慰安が得られると思うのは誤解である。とりあえず腹を満たすのに十分なものを食べることにも慰安はあるし、贅沢な料理を食べるほどのことをしても慰安を得られないこともある。これは心の持ち方一つで別れることで、人は精神的に完全であれば、物質的にかける点があっても慰安を得られるのである。

そうであるから、人の心の修養や鍛錬が十分にできていなければ、たとえ金銀で飾った御殿で寝起きし、宝石や桂を薪にしても慰安にはならず、不平不満が常に胸から離れることはない。だから本当の慰安は、やはり心の持ち方を第一として、物質的な満足を第二として、結局精神的と物質的とを中和したものが、すなわち人の眼から見て慰安となることだろうと思う。

精神的な慰安の工夫

本当の慰安を得るための唯一つの主眼である精神の持ち方、心構えはどのようにすればよいか。これはじつに研究に値する問題だと思う。私はこの問題に対して「足るを知り分を守る」という一つの決まりで答えたいと考える。「隴《ろう》を得て蜀《しょく》を望む※①」と言うように、だいたい人の欲望は際限のないもので、一つを手に入れると二つめが欲しくなるのが人の世の常である。だから、不足や不満は誰の心からもなくならないことで、これで満足したとか十分だという安心を得た人はほとんどいないだろう。

ただ、精神的修養のある人とない人によって、この思いには大小あるいは厚い薄いの差がある。欲望の小さい人、薄い人は不足や不満があってもその度合が低い。欲望の大きい人、厚い人に不足や不満があればその度合が高い。そして、この度合を測ることが慰安を得るうえ大切なことである。「足るを知り分を守る」というのはすなわち、そこを指して言ったもので、常に自分に不足や不満があっても、これで満足である、これで十分であるというあきらめがあって、その分を守ることができれば、人生の慰安も自然とそこに生じてくるわけである。

道歌に「事足れば足るにまかせて事足らず、足らで事足る身こそ安けれ」とあるように、足らない中で事足りる身となれば、慰安を得る策としては最も要を得たものと言われる。しかし、これは東洋哲学から出た考え方だから、ともすればこれに消極的な解釈を加えて「足るを知り分を守る」というようなことは、進歩を妨げる考え方であると反論する者がいないとも限らない。

なるほど、ちょっと見たら、そういう解釈ができなくはないように思われるが、さらによく考えてみれば、慰安と欲望とは同じ道にあるものではない。普段、足るを知ってその分を守る間にも一面、みずから進んで前向きに新たなものを求めていく欲望を持つことは、言うまでもなく人生に必要な要素である。けれども欲望というのも、それを達成しようとするために世の中のすべてに対して不足と感じ、まだ及ばないというふうに際限なく求めていけば、ついには欲望の炎が燃え盛り、他人の成功を見て猜疑心《さいぎしん》や嫉妬心《しっとしん》を抱くようになる。

だから、一方では常に現状に対して足るを知り分を守る心がけを持ち、極端な欲望を抑圧して普段から慰安を得られるようにすることが大切である。仏教に「貪瞋痴《とんじんち》」※②をなくせという教えがあるが、人生の慰安を得るにあたって、これらは非常に良薬となるものである。

【註】※① 隴を得て蜀を望む◆中国後漢王朝の初代皇帝である光武帝（紀元前六年～五七年）が隴を平定したあと、さらに蜀を望んだことによる限りない欲望のたとえ。
※② 「貪瞋痴」（とんじんち）◆仏教で人が克服すべきとされる根本的な三つの煩悩。三毒とも言わ

れ、貪はいろんなものを必要以上に求める心、瞋は常に自身に背くことに対して怒る心、痴はあらゆる物事の理に暗く真理を見失うこと（愚痴）を指す。

慰安と希望とは別問題

ここで注意しておきたいのは、慰安と希望とを同一視することから起こる弊害についてである。人生において慰安が必要である理由を考えると、一方では懸命に活動して生きていかなければならないわけだから、それに対して慰安というものが必要になってくるのである。活動、労働のないところでは、慰安の必要も感じないはずである。だから人生の希望と慰安とはまったく別問題でなければならない。

ともすれば人、あるいは人生の希望は慰安を得るためであると解釈し、慰安を得て人生における一切のものと差し引きしようとする者がいる。けれども、それは大きな誤解だろう。人生の目的や希望は別にあることで、それを達成するために活動するうちに慰安の必要を感じてくるまでである。だから、慰安を得るには、足るを知り分を守るのがよいとはいえ、それは人生の目的に対してまで言うことではなく、そう考えて一時的な慰安を得ようというまでのことである。

であるから、たとえそういう心がけでいたとしても、人生の目的に対しては別に絶えることのない欲望を持っているわけだから、そのために進歩発達を阻害され、消極的な人物になって終わるという心配はないはずである。すなわち足るを知り分を守ることを忘れないと同時に、平和な欲望はいつでも心がけておかなければならない。人生の目的とは、要するに一つの欲望を達成しようとする心の代名詞である。

人の心から欲望を取り除いたら、おそらく社会の進歩発達を望むことはできないだろう。けれども欲望にも程度があり、貪欲や邪欲つまりよこしまな欲望は決して正しい欲望ではない。穏当な欲望、平和な欲望、公正無私な欲望でなければ、欲望はかえって害になるものである。であれば、これらの差し引きを明確にして判断を誤らないように心しておかなければならない。

そして人生は、そういう必然的な欲望を常に絶やすことなく進歩向上するように志すとともに、常にその分に安んじることを心がければよい。論語にある「君子は終身の憂ありて一朝の念なし」という一語は、明らかに慰安の本当の意味を悟った言葉だと思うのである。

有利な慰安法

最後に、慰安を得る事柄、方法について述べてみよう。だいたい慰安を得るには、そこに趣味を加えなければ無味乾燥となるだろう。では、趣味のある慰安法とはどんなものだろうかというと、通常、世の中で行なわれている高尚なものとしては、古い焼き物や骨董品などを味わいを楽しんだり、書画を鑑賞したり、茶をたてたり花を生けたり、あるいは俳諧や詩文を詠《よ》んだりするとか、庭園に木や石を築いて楽しむとか、そのほかにもこの種の慰安はいくらでもあるだろう。それらはどれも、慰安の方法として悪いことではないだろう。

けれども私は、それらよりも書物を読むことによって一番の慰安としている。これは単に心に安らぎを得るだけでなく、邪魔にならない程度に読書をすれば、精神的な向上のためにもなるという一挙両得の方法である。したがって、慰安を得ながら知を磨き、人格の修養ができるから、慰安の方法としては最も利益のあるものだろうと思う。書画骨董《こっとう》の収集に慰安を求め、あるいは家や庭の建造に慰安を求めるのもよいには違いないが、これは十人が十人、誰でもできることではない。第一、大金が必要なわけだから、どんなにそういうことで慰安を得たくても、お金のない者には望みようがないことである。それから書画骨董のようなものも、大金を投じて自分一人の楽しみにするようなことは少々考えもので、一つの品、道具に数万の金を投じるよりも、その金をもっと有利な社会的事業に転用したほうが、世の中を豊かにする点から見ても大きな違いがある。

それに対して読書による慰安は大金が必要なわけではなく、誰にでもできる方法である。これはまさに私がみずから行なっていることで、その利があることを知っているので、この有利で一挙両得の慰安法を世の中の人々にも薦めておく。とは言うものの、誰でも私の慰安法を学べばよいと強制はしない。人はおのおのの趣味に違いがあり、力にも差があることなので、骨董品、書画、庭園、山林などはもちろん、その人に応じてやればよい。

娯楽

人生の慰安にもかかわり、よく考えて活かしたいものに娯楽がある。娯楽はまた、慰安を得るための一つの方法でもある。だから娯楽は世の中で大切なことで、軽々しく考えることはできない。ところが世の人々は往々にして、娯楽と言えば単純に遊ぶという意味にとらえて、非常に悪く受け止めて解釈しているが、これは非常に見当違いの間違いであると言わなければならない。

もっとも、日本の古い慣習からすれば、欧米諸国とは大いに風俗が異なっていたので、ことさら娯楽と言うと、よい意味での遊びが少なかったのである。したがって現在、欧米の風習を見習って言う娯楽と日本の娯楽とは、やや意味や解釈が違うので、娯楽に対して世間一般が偏見を持っていることは無理もない。私がここで娯楽と言うのは、欧米の人々が「よく務め、よく遊ぶ」と言っている、その「よく遊ぶ」ことを指したものである。

さて、なぜ娯楽が世の中で大切なものなのか。だいたい人間の精神や体力には一定の限度があり、決して一生休まずに働き続けられるものではない。大いに働くこともある代わりに、大いに遊んだり楽しんだりすることがなくてはならない。言い換えれば、人間は活動的であると同時に、一方では自分を慰め楽しませる娯楽がなければならない。

人には誰でも大いに活動する反面、大いに娯楽を楽しみたいという欲望がある。すなわち娯楽は、活動のための補助とでもいうべき価値や役割があるので、人生にとって必要なことであることは言うまでもない。しかし、娯楽はその性質上、時には善悪が混同されやすいものである。だから十分に注意して善悪を区別しなければならないが、人生にとってそれほど大切なことであれば、私たちはできる限りよい娯楽を選んで、楽しみを得るようにしたいものである。

私の娯楽

私は古い時代、つまり維新前に生まれ育った人間だから、こんにちの学生がベースボールやローンテニスを楽しむような西洋式の娯楽は何一つ知らない。といって、俗曲つまり都々逸《どどいつ》などを歌ったり踊ったりするというような娯楽もない。ただ、これまで人と談話したり物事を企画したり、世間の事務を行なうような、いわば普通の人が仕事にするようなことを娯楽としてきた。娯楽としては非常に平凡なものである。

本来の娯楽のようなものとしては庭園などが好きである。ここにこう小道を通じさせて、ここにこう樹木を植えて、石の配置はこうして、木の枝ぶりはこのようにとか、あるいは木の芽が萌えた、草に花が咲いたなどといったことを楽しみするのは、心を慰め元気を養ううえで大きな効果があると思う。

けれども私の娯楽には、非常によろしくないものもある。私がしばしば言うことだが、維新前後における社会秩序の混乱時代を生きてきたので、周囲の境遇の影響で悪い娯楽も覚えてきたのだったが、若い時代の習慣はなかなか抜け去らないもので、こんにちまでそれが弊害として残っている。私は過去の経験から考えて、娯楽のようなものについても、やはりその初めが大切だと心から思う。一度習慣になったことはなかなか改められないものだから、娯楽などでも悪い習慣にならないようなものを最初から選ぶことが大切であろう。

とくに娯楽というのは、悪いほうのことがことのほか面白い。良いことは心の刺激が少ないから面白くない。だから、ともすれば人は悪い娯楽に染まりやすい傾向があるが、それも習慣的にある程度までは抑えることができるだろうと思う。その面白みを知ると、またやってみたいと思うのが人情である。だから非常に克己心のある人ならともかく、そうでない者は最初から悪いものには近づかないようにするのが何よりも得策で、それを習慣にしてしまえば、ついには良いものだけを娯楽にして何の不足も感じなくなるだろう。

娯楽として何を選ぶべきか

そもそも日本人の娯楽には静かなものが多いのに対して、西洋人の娯楽の多くは活動的である。西洋人は遊ぶときはすべてを忘れて遊び、その多くは大がかりな方法で、屋外で娯楽を楽しむ。私が欧米諸国で目撃したところによれば、老人も青年と同じように投球もすればフットボールもしていたが、これらはかえって危険ではないかと思われた。日本の現在においてはまだそういうふうな娯楽はちょっと望めないが、新時代の教育を受けた人々は娯楽もだいぶ西洋化した点が見られるようになってきた。

けれども、まだそれは一般人の標準とするには十分でなく、やはり娯楽の大部分は日本在来のものの中から求めなければならない。とりわけ庭園を愛し、草花を楽しみ、あるいは書画骨董《こっとう》を収集し、古物を愛《め》でる。あるいは詩歌や俳諧に遊び、文章を綴って娯楽にするようなことは、たぶん娯楽として選ぶにはよいものだろう。囲碁や将棋もよいが、それに伴って害を及ぼすような娯楽にはむしろ近づかないほうが安全である。要するに娯楽は、慰安として大きな効果のあるものだから、同じやるなら趣きがあって有益なものにしたいものだ。

世間には、時に資力に任せて一枚の画に数万もの金を投じることを惜しまない者もいる。また自分の自由になるからと言って、大金を投じて温室を造り、世界の草花を集めて世間に誇る人もいる。それらもやはり趣きのある娯楽には違いないが、贅沢に流れる嫌いがありはしないか。私はむしろ、そういう娯楽の味方にはなりたくないのである。すべて、足るを知りて分を守る中で娯楽を求めなければならないだろう。

日本的娯楽と西洋的娯楽

西洋人の娯楽が比較的屋外主義であるのに対して、日本の娯楽は四畳半式であるのは、日本人が欧米人より一歩遅れていることだと言わなければならない。欧米人は老若男女の区別なく大人数の中でほとんど我を忘れて遊ぶ傾向があり、娯楽も大勢で楽しむものが多い。たとえば公園で各種の遊戯をするとか、あるいは野外で運動を行なうといったように、何ごとも大がかりに開放的にやるのである。

ところが日本人の娯楽はそれとは反対で、なるべく表には出ないようにして、遊ぶ仲間も自分に近い三、四人の者とか、友人と会って遊ぶというくらいのもので、野外に出て大勢と娯楽を楽しもうとするようなことはほとんどないと言ってよい。

遊び方を見ても、外国人は熱心に遊んでいる。一度娯楽を始めようとすれば、ほかのことは何も考えずに、まったくそこに心を打ち込んで遊びに熱中するように見える。見えるだけでなく、事実、彼らは熱中してしまうのである。ところが日本人の遊び方はそういうふうではない。用向きとか仕事などには熱心にやる者もいるが、遊びに対して熱心にやる者は少ない。むしろ、これまで熱心に遊ぶことを良い風習としてはいなかった。

しかし、私たちの意見では、仕事も熱心にやるのがよいが、遊びも熱心にやるのがよいのであって、ここに明確な区別をして、どこまでもそう決めてやるほうがよいと思うのである。現在、日本人の遊ぶところを見ると、遊んでいるのか怠けているのかわからないような様子で、ひどいものでは、仕事をしているのか遊んでいるのかわからないようなものもある。これは本当に面白くない風習ではないだろうか。とくに日本人の常として、青年時代には遊びらしい遊び方をする者もいるが、中年から老年になるといやに老け込んでしまい、欧米諸国で野外運動をやっているのとは比べようもなくなってしまう。

しかしこれは、一つには習慣にもよるだろうし、また家屋の構造や衣服の関係にもよるのだろう。というのは、欧米人は洋服に靴履きという軽快な装いのうえに、家の中まで靴のまま入れるという便利さがある。それに日常、テーブルに椅子の生活だから、立ち居振る舞いが非常に簡単にできるので、自然に心身もそれに伴って快活に動くことができる。

ところが日本人はそうではない。衣服といい家屋といい、これを西洋人と比べると、その手間のかかることには雲泥の差がある。それだけではない。いきおい億劫になるから、表に出てもよいところを、つい家の中で済ますということになるので、挙動が何となくぐずついてしてしまう。これらは風俗風習によるものだから、すぐには改められないとしても、欧米人が老年になるまで青年に劣らず元気な点だけは日本人も見習いたいものである。

とにかく娯楽は遊ぶ意味だと言って、これをないがしろにしてしまうことは非常によくない。よく務めよく遊ぶということを心に留め、娯楽の場合にも精神を込めるのがよい。遊ぶ場合に精神を込めることは、仕事の場合にも精神を集中してやるということになる。何ごとにおいても集中して熱心にやるということは最も大切なことで、心を散漫にするのは、そのことが得にならないばかりか、それが成功することも約束されないのである。欧米人のよく務めよく遊ぶという風習は大いに学ぶべき点であるから、日本人もこれに倣い、娯楽をしてどこまでも価値のあることを行なうようにしたいものである。

習慣性について

習慣の力

私たちの日常生活で、習慣は大切なものの一つだろう。「習慣は第二の天性なり」と古人が唱えたのは、たしかに本質を捉えた言葉である。だから私たちは日常生活において注意を怠らず、互いに良い習慣を身につけることに務め、できるだけ悪い習慣を取り除くように心がけたいものである。

しかし、習慣として一つのことが身につくまでには相当の日数を要するもので、一日で備わるわけではない。また一日で養成することもできない。ダーウィンの進化論によれば、鮃《ひらめ》の目が片面に付いているのは、しだいにそのように形が変わったのであり、また鯨《くじら》の手足が鰭《ひれ》となったのも、必要に迫られて変化したのだという。

これらは習慣とは言いにくいが、卑近な例では日本人のように座る習慣がある国民は、身体が大きくならないと言う。なぜかと言うと、たびたび座るために脚の発育が十分でないからだとのことである。これらに照らしても、習慣はどんな結果をもたらすかということがわかり、それとともに習慣をいい加減にしてはいけないことが明らかになるだろう。

もともと習慣は、平生の人の行ないや所作が何度も重なって一つの決まったものになるのだから、それが自然に心にも働きにも影響を及ぼし、悪い習慣を多く持つ人は悪人となり、良い習慣を多く身につけている人は善人となるというふうに、ついにはその人の人格にも関係してくるものである。だから誰でも平素から心がけて良い習慣を養うことが、人として世の中を生きていくうえで大切なことだろう。

習慣は感染性を持つ

習慣はただ一人の身体に付き従っているものではなく、他人にも感染するものである。

ともすれば、人は他人の習慣を真似《まね》したがることもある。良い習慣ばかりが広まるのではなく、悪事の習慣も同様に広まるのだから、大いに警戒しなければならない。

言葉遣いや動作のようなものは、甲《こう》の習慣が乙《おつ》に伝わり、丙《へい》に伝わるような例も珍しくない。顕著な例を挙げれば、最近、新聞紙上でその時々に新しい文字、言葉を見ることができる。ある日、甲という新聞にその文字が掲載されたかと思うと、それがたちまち乙、丙、丁《てい》の新聞に伝わって、ついには社会一般の言葉として誰も疑問を持たないようになる。あの「ハイカラ」とか「成金」などという言葉がすなわちその例である。

婦人や女子の言葉などもやはりそうで、近頃の女学生がしきりに「よくってよ」と「そうだわ」といった類の言葉を使うも、ある種の習慣が伝播《でんぱ》したものと言ってよい。昔にはなかった「実業」という文字のようなものも今はもはや習慣となり、実業と言えばすぐに商工業のことを思わせるようになってきた。かの「壮士」という文字なども、字面から見れば壮年の人でなければならないのに、こんにちでは老人を指しても壮士と言い、誰一人それに疑問を持つ者はいなくなっている。

習慣がどれほど感染性と伝播力を持っているかがわかるだろう。この事実から推測すれば、一人の習慣はついに天下の習慣となりかねない勢いであるから、習慣に対してはよく注意を払うとともに、自重してもらわなければならない。

大切な少年時代

習慣の問題を考えるには、とくに少年時代が大切であろう。記憶のほうから言っても、少年時代の若い頃に記憶したことは、老後になっても多く頭の中に明確に残っている。私がどんな時のことをよく記憶しているかと言うと、やはり少年時代のことで、経書の内容でも歴史のことでも、少年の時に読んだことを最もよく覚えている。昨今は、いくら読んでも、その内容は読むそばからみな忘れてしまう。

そういうわけだから、習慣も少年時代がもっとも大切で、一度習慣となったならば、それはその人固有のものになって終生変わることがない。それだけでなく、幼少の頃から青年期を通じては、非常に習慣が身につきやすい時だから、この時期を逃さずに良い習慣を身につけ、それを自分に固有のものとするようにしたいものである。私は青年時代に家出して天下を流浪し、比較的勝手気ままな生活をしたことが習慣となって、後年まで悪い習慣が直らなくて困ったが、日々悪い習慣を直したいという思いから、大部分は矯正することができたつもりである。

悪いと知りながら改められないのは、つまり克己心が足りないからである。私の経験によれば、習慣は老人になってもやはり重んじなければならないと考える。それは青年時代の悪い習慣も、老後の今になっても改められるものだから、現在のように日に日に新しく変わっていく世の中においては、なおさらこの心がけを持って自重していかなければならないのである。

習慣を敬え

とかく習慣は不用意のうちにできあがるものだから、重大なことに直面した時には改めることができるのである。たとえば朝寝をする習慣の人は、ふだんはどうしても早起きができないが、戦争とか火事とかいう場合には、どんなに寝坊でも必ず早起きができることから考えてみてもそう思われる。

なぜ習慣が直せないのかと言うと、習慣は些細なことであると軽視しやすいものなので、日常それが我がままに伴っているからである。このように馬鹿にしてかかるので、そのために過ちを犯さないとも限らない。それも、その人一人の問題ならまだしも、前にも述べたように、ひいては家族もしくは社会にまで害を及ぼすことにもなりかねないので非常に困る。

だから老若男女にかかわらず、心に留めて良い習慣を養うようにすれば、大きなことでは国家社会のためになり、小さなことでも家庭内に円満、平和をもたらすことになり、さらに自分の立身出世の元にもなる。決して勉強せずして成就することはないのである。

終　章

故郷に対する思い

故郷という言葉と印象

文明の進まない世の中で交通も不便な状況にあって、仮に人が生家で成長し、老衰して死ぬまで居場所を変えずにいるとすれば、それは非常に幸福なことだと言わなければならない。だいたい人の一生が順序良く進んでいけば、親から子へと家督が譲られ、同じ土地で同じ生業を営んでいくのが当たり前である。

そういう境遇の人が旅行でもすれば、ここで初めて故郷への思いも生まれてくるが、ほかの場合に故郷という言葉はあまり必要ないばかりか、故郷に対する思いなども起こるものではない。ところが最近は大いに様子が変わり、世の中で成功して功名を挙げたような人には、自分の生まれた土地で成功した人は少なく、多くの人は故郷を離れてから名を挙げることになる。たとえば九州の人が東京へ出て成功したとか、東京の人が朝鮮に渡って事業を起こしているなどという状況で、それらの人はみな同様に、故郷に対する思いというものが時々生じるのだろうと思う。

このように言う私も同様に感じる一人だが、この思いは壮年時代こそ比較的浅いように思われたが、歳を重ねるにしたがって、しだいにその深さが増してくるようになってきた。

見るもの、聞くもの、思い出すもの

少年時代に見たこと聞いたことは、青年になってからの印象よりも強く心に残っているようで、少年の頃に面白いと思ったこと、大きいと思った山、甘いと思った菓子などが、何年のちにもそのままの印象で脳裏に焼きついているものだ。

たとえば子供の頃に親戚の法事に招かれて食べたそば饅頭は、こんにち榮太郎の菓子を食べるよりも甘かったと思う。そのつもりで再びその饅頭を食べてみれば、さほど甘くないのだが、あとあとまでもそう思い続けさせたのは、少年時代の印象が強かったことだと知るのである。

そういうふうに若い時の記憶があとあとまで残っているから、老後の現在、たまたま故郷に帰ることがあると、見るもの聞くもの一つとして興味が湧かないものはない。川を見れば水泳をしたこと、漁をしたことなどを思い起こし、砂場では相撲を取ったとか、あの柳の下で駆けっこをしたとか、森では村人が集まったなどということが一つひとつ思い出され、些細なことまでも興味が盛んに起こって尽きることがない。

注意すべき少年時代

自分の故郷では祭礼の時に獅子舞いを出すが、他人が突然そこに行ってそれを見ても、とくに面白いものでも何でもないだろう。しかし私には非常な興味をもって、それを見られる。祭りで故郷に帰った時など、夜更けまでほかのことを考えずにそれを見て楽しめるというのは、要するに少年時代の心に帰るからなのだろう。

こういうことは何の理由も道理もない一種の興味だろうが、それとともに少年時代は大切であるとわかるのである。私は少年時代の非常に大事な時期を空しく過ごしてしまったので、この時期に身につけるべき多くのことをなおざりにしてしまったことを、こんにち自ら悔い、自ら恥じるのである。同時にまた、「少年老い易く学成り難し云々」と朱文公が警告を与えられたのは非常にもっともなことだと感じ入り、人生においてこの時代が最も大切であることを痛切に知った。

少年時代の性格は、まるで糸が染めやすく木が撓《たわ》めやすいのと同じようなものだから、この危険な時代に、間違いなくやり遂げるという決意で大胆な行動に出てしまうのは、少年自身に責任があるのはもちろんだが、教育者の責任はとくに重く大きなことだと思うのである。私は故郷に対する思いによって、七十歳を超えた現在、この思いを初めて深く知ったので、老婆心ながらこれを他人にも語りたいと思うのである。

楽境とするのも苦境とするのも自分である

故郷と向かい合う時、私は常に愉快な思いになるのだが、誰もがみな同じ思いであるとは言えないだろう。その人の境遇しだいでは、かえって悲しい思いにつながることがないとも限らない。私などはさほど出世したというほどでもないが、故郷の人々に対しては、少しは役に立っているつもりである。

また故郷に対する教育上のことや、産業を発展させること、あるいは学校、病院、神社などの施設を充実させること、また村内の一致団結に関する世話などにも三十年来心を砕き、村内の人々が共同一致して安心して穏やかに暮らしていけるようにしたいと心がけて世話を続けてきた。そのためだけではないだろうが、こんにち帰省してみると、村民は仲良く協力し合い、仕事によく励み、善良な国民として恥ずかしくない人々になっているように見えるので、祭に行った際などの様子を見るにつけ、じつに愉快な気持ちになるのである。

ところが、もしそれと反対に帰郷するたびに不快な思いをするような身の上であったなら、どのようなものだろうか。故郷が楽しいというのは、単に故郷が楽境というのではなく、故郷に対する平素の心がけから自然に楽しみが生じるのであり、その心がけしだいで楽境にもなり苦境にもなることがわかる。

私は先年「樗牛《ちょぎゅう》全集※①」を読んでたまたま故郷に対する感想を表わした文章を見つけ、樗牛博士も私と同じような感想を持たれたことを知った。要するに快楽は故郷が与えるものばかりではなく、自らのそうならなくては駄目である。その人が勉強して地位を上げ、富を積み、故郷に対しても相応の務めを果たしてから、初めて故郷に対して楽しい感想が持てるものである。私は、誰もが故郷に対して同じような感想を持てるようになることを切望している。

【註】※①　樗牛（ちょぎゅう）◆高山樗牛（一八七一～一九〇二）。日本の文芸評論家、思想家、文学博士。本名は林次郎。明治時代中期、言論界で活躍した。

渋沢栄一略年譜

一八四〇年（天保十一年）　武蔵国榛沢郡血洗島（現在の埼玉県深谷市）に生まれる。父や従兄弟から漢籍を学び、家業の養蚕・農業・藍問屋業に従事。

一八六三年（文久三年）　二十三歳。世の中の不合理に憤り、尊皇攘夷思想に染まって高崎城乗っ取りを計画したが中止し、京都へ出奔した。平岡円四郎の推挙により一橋慶喜の家臣となる。

一八六七年（慶応三年）　二十七歳。徳川昭武に従ってランスへ出立し、翌年帰国。

一八六九年（明治二年）　二十九歳。静岡藩に商法会所を設立。明治政府民部省租税正、改正掛掛長。

一八七〇年（明治三年）　三十歳。官営富岡製糸場設置主任。大蔵少丞。

一八七一年（明治四年）　三十一歳。大蔵大丞。「立会略側」を発刊し会社設立を奨励。

紙幣頭。

一八七二年（明治五年）　三十二歳。大蔵少輔事務取扱。国立銀行条例発布（日本初の近代的銀行制度スタート）

一八七三年（明治六年）　三十三歳。大蔵大輔・井上馨とともに財政改革を建議し退官。第一国立銀行総監役。以後その生涯、様々な分野に亘り約五〇〇社の企業設立と育成に関わる。

一八七六年（明治九年）　三十六歳。東京養育院事務長。以後、生涯約六〇〇に及ぶ社会事業、教育事業に関わる。

一八七八年（明治十一年）　三十八歳。東京商法会議所会頭。

一八八一年（明治十四年）　四十一歳。日本鉄道会社創立。

一八八四年（明治十七年）　四十四歳。東京商業学校校務商議委員。

一八八五年（明治十八年）　四十五歳。東京瓦斯会社創立委員長。日本郵船会社設立。東京養育院院長。

一八八六年（明治十九年）　四十六歳。東京電灯会社設立。「龍門社」創立。

一八八七年（明治二十年）四十七歳。東京人造肥料、日本土木、東京製綱、京都織物、日本煉瓦製造、帝国ホテル等創立。

一八八八年（明治二十一年）四十八歳。札幌麦酒会社組織。

一九〇一年（明治三十四年）六十一歳。日本女子大学校開校・会計監督。

一九〇九年（明治四十二年）六十九歳。渡米事業団を組織し団長として訪米。前後４回に亘り訪米し、民間外交を主導。

一九一四年（大正三年）七十四歳。日中実業提携のため訪中。

一九一六年（大正五年）七十六歳。第一銀行頭取等を辞し、実業界から引退。日米関係委員会常務委員。

一九二四年（大正十三年）八十四歳。東京女学館館長。日仏会館理事長。

一九二七年（昭和二年）八十七歳。日米親善人形歓迎会を主催。

一九二八年（昭和三年）八十八歳。日本女子高等商業学校発起人。

一九二九年（昭和四年）八十九歳。中央盲人福祉協会会長。

一九三一年（昭和六年）十一月十一日死去。享年九十一歳

渋沢栄一　立志《りっし》の作法《さほう》　成功失敗《せいこうしっぱい》をいとわず

2010年9月15日　第一刷発行　ISBN978-4-336-05313-8

著者　渋沢栄一
現代語訳・国書刊行会編集部
発行者　佐藤今朝夫

〒174-0056　東京都板橋区志村1-13-15
発行　株式会社　国書刊行会
TEL. 03(5970)7421　FAX. 03(5970)7427
http://www.kokusho.co.jp

落丁本・乱丁本はお取替いたします。
印刷　㈱シーフォース
製本　㈾村上製本所

資料　国書刊行会の渋沢栄一関連書籍

渋沢華子著『徳川慶喜最後の寵臣　渋沢栄一　そしてその一族の人々』
渋沢華子著『渋沢栄一、パリ万博へ』
下山三郎著『日々に新たなり　渋沢栄一の生涯』
渋沢栄一著『青淵百話』（渋沢青淵記念財団竜門社解説）
渋沢栄一著『論語と算盤』（渋沢青淵記念財団竜門社編）
渋沢栄一著『渋沢栄一訓言集』（渋沢栄一青淵記念財団竜門社編）
『渋沢栄一事業別年譜』（渋沢青淵記念財団竜門社編）
矢野功作・画『学習まんが　人間　渋沢栄一』（渋沢史料館監修）

――＊――＊――＊――＊――＊――

『渋沢栄一伝記資料』全六十八巻　渋沢栄一伝記資料刊行会
渋沢青淵記念財団竜門社

論語と算盤

渋沢栄一述

◈B6判・並製　二六六頁　一二六〇円

我が国近代化のためにその生涯を捧げた渋沢栄一が晩年、折にふれ語った、処世から人生全般にわたる、滋味溢れる講話を集大成したもの。半世紀を経た今日でも、彼の肉声は私たちの心に強く響いてくる。

＊表示価格は税込み価格です。